AF762485

REVENUS PASSIFS

Créez un flux continue pour enfin atteindre votre liberté financière et comprendre le fonctionnement e la richesse

NICOLAS PETARD

Table des matières

Copyright par Nicolas Petard Tous droits réservés.

Le travail contenu dans le présent document a été produit dans l'intention de fournir des connaissances et des informations pertinentes sur le sujet décrit dans le titre, à des fins de divertissement uniquement. Bien que l'auteur ait fait tout son possible pour fournir des informations à jour et véridiques, aucune réclamation ne peut être faite quant à leur exactitude ou leur validité car l'auteur ne prétend pas être un expert en la matière. Néanmoins, le lecteur est invité à effectuer ses propres recherches et à consulter tout expert en la matière qu'il juge nécessaire pour garantir la qualité et l'exactitude du matériel présenté ici.

Toute reproduction, transmission ou copie du matériel contenu dans cet ouvrage sans l'autorisation écrite expresse du détenteur des droits d'auteur sera considérée comme une violation des droits d'auteur conformément à la législation en vigueur à la date de publication et à toute autre date ultérieure. Toutes les œuvres supplémentaires dérivées de ce matériel peuvent être revendiquées par le détenteur de ce droit d'auteur.

Les données, les représentations, les événements, les descriptions et toutes les autres informations fournies sont considérées comme vraies, justes et précises, sauf si l'œuvre est expressément décrite comme une œuvre de fiction. Indépendamment de la nature de cet ouvrage, l'éditeur est exonéré de toute responsabilité quant aux actions entreprises par le lecteur en relation avec cet ouvrage. L'éditeur reconnaît que le lecteur agit de son propre chef et dégage l'auteur et l'éditeur de toute responsabilité quant à l'observation des astuces, conseils, stratégies et techniques qui peuvent être proposés dans cet ouvrage.

Introduction

L'argent est un sujet fascinant dans la vie. C'est un sujet dont on nous encourage à ne pas parler, mais qui nous fascine. Dans de nombreux cas, nous le vénérons. Nous créons nos opinions sur les gens en fonction de leur stature économique dans la vie. Plus les gens gagnent de l'argent, plus ils sont respectables. Cet état d'esprit est profondément enraciné dans diverses cultures à travers le monde et, pour en déterminer l'origine, il faudrait examiner de très nombreux facteurs différents. Honnêtement, il faudrait un autre livre ou deux pour en parler. Pour certaines personnes, l'argent est tout. Pour d'autres, il compte très peu, voire pas du tout.

Quelle que soit votre opinion sur l'argent, on ne peut nier qu'il occupe une place importante dans nos vies. Il est le moteur des décisions, des politiques, de l'industrie, des ménages et des loisirs, entre autres. En fait, le vieux cliché selon lequel "l'argent fait tourner le monde" est vrai à bien des égards. Même si vous ne vous souciez pas de l'argent, il est nécessaire à votre vie d'une manière ou d'une autre. Ceci étant dit, nous devons avoir une connaissance de l'argent et des finances afin d'avoir un minimum de contrôle dans nos vies. En tant qu'adultes, si nous dépendons financièrement de quelqu'un, cette personne exerce également un certain contrôle sur nous.

Beaucoup d'entre nous ont été endoctrinés par les techniques traditionnelles de gestion de l'argent. Celles-ci comprennent : Trouver un bon emploi qui vous rapporte de l'argent, économiser chaque centime que vous pouvez, mettre de côté pour la retraite, ne pas dépenser ce que vous n'avez pas et ne pas acheter ce dont vous n'avez pas besoin. Il y a aussi l'idée de gagner son argent à la dure, par le travail et la patience. Ce sont là de bonnes pratiques, sûres, qui peuvent certainement vous permettre de vous constituer un joli pécule. Cependant, l'état d'esprit à l'origine de ces idées est également limitatif.

De nombreuses idées archaïques concernant l'argent ont existé au fil des ans et des décennies. Cependant, à mesure que nous en apprenons davantage sur les finances et les différentes façons dont l'argent peut fonctionner, nous découvrons de nouvelles méthodes pour créer de la richesse dans nos vies. Un phénomène récent qui a envahi le monde est l'idée des fonds passifs. Il s'agit d'une stratégie de marché majeure dont nous allons parler dans ce livre. Ces fonds, ainsi que le marché en général, peuvent parfois être compliqués, et si vous n'y prêtez pas attention, cela peut être dévastateur pour vos finances à long terme. Il est important de se former et de s'informer avant de se lancer. Une fois que vous l'aurez fait, vous découvrirez peut-être que ce n'est pas aussi déroutant qu'on pourrait le croire. Toutefois, vous pouvez en juger par vous-même.

Malheureusement, de nombreuses personnes ont encore une façon archaïque de penser lorsqu'il s'agit d'argent. Ils ne réalisent pas qu'en matière de finances, les choses sont très différentes de ce qu'elles étaient au cours des générations passées. Les gens doivent grandir et évoluer avec les temps financiers afin de profiter de l'argent qui existe. Nous espérons commencer à changer votre façon de penser à l'argent et vous ouvrir un tout nouveau monde.

Les chapitres suivants aborderont l'importance de changer et d'actualiser constamment notre mentalité financière. Pour comprendre les fonds passifs, nous devons changer certaines des mentalités traditionnelles sur l'argent avec lesquelles nous avons grandi. Les fonds passifs sont une façon fascinante de gérer les finances, et nous allons discuter de ce que sont exactement ces fonds, des avantages qui en découlent et de ce à quoi vous devez faire attention. De nombreux facteurs peuvent contrôler le marché, et si vous ne pouvez pas les contrôler, vous devez au moins en être conscient. Enfin, nous verrons ce que sont les modèles de portefeuille et comment ils peuvent profiter à vos finances personnelles pour le reste de votre vie.

Si vous avez été éduqué selon certaines de ces méthodes financières non traditionnelles, vous serez familier avec la plupart des sujets que nous abordons. Cependant, il y a encore beaucoup à apprendre sur les différents aspects de l'étude des fonds passifs. On ne peut jamais tout savoir sur un sujet, et l'objectif de ce livre est de fournir des connaissances qui ne sont pas très connues du grand public. Cela inclut les personnes qui sont bien au fait du jeu financier. Il est temps de prendre le contrôle de votre patrimoine, et s'engager dans des fonds passifs est un moyen d'y parvenir. Apprendre à investir est essentiel, que vous souhaitiez créer l'abondance ou simplement mieux gérer vos finances. À travers ce livre, nous vous aiderons à vous informer.

Toutefois, nous ne donnerons pas de conseils financiers spécifiques. Nous ne ferons pas non plus la promotion d'une entreprise plutôt qu'une autre. Nous vous fournirons simplement les connaissances nécessaires pour que vous puissiez prendre la meilleure décision pour vous-même.

Il existe de nombreux livres sur ce sujet ; j'apprécie vraiment que vous ayez décidé de vous procurer celui-ci. J'ai fait de mon mieux pour qu'il soit rempli d'informations utiles. J'espère que vous l'apprécierez.

1

Changer votre état d'esprit

L'argent, ou les finances, peuvent sembler une chose simple. Nous l'utilisons dans notre vie quotidienne pour acheter ce dont nous avons besoin, payer nos factures, subvenir aux besoins de nos familles, garder un toit sur nos têtes et faire ce que nous voulons dans la vie. L'argent, sous une forme ou une autre, est nécessaire dans presque toutes les transactions de la planète. La progression au cours de l'histoire est assez fascinante. Au début, les cartes de crédit étaient très importantes. Aujourd'hui, il existe d'innombrables moyens numériques pour effectuer des transactions financières instantanées avec des personnes du monde entier. Cette évolution va se poursuivre, et il sera intéressant de voir où elle va aller.

Ce qu'il faut retenir, c'est que la finance est un élément essentiel de notre vie. Nous en avons besoin dans presque tous les domaines. Pourtant, nous en savons extraordinairement peu à son sujet. C'est parce qu'on nous apprend à jouer la sécurité. C'est aussi simple que cela. La mentalité traditionnelle en matière de finances consiste à éviter autant que possible les comportements à risque. Dès notre plus jeune âge, on nous parle de l'argent et de la valeur qu'il apporte dans nos vies. De nombreux enfants avaient leur propre petite tirelire ou pot où ils gardaient leur petite monnaie. En grandissant, leurs parents ont peut-être ouvert un petit compte bancaire pour eux.

Finalement, les enfants sont devenus adolescents et ont commencé à gagner plus d'argent en effectuant des tâches ménagères, en travaillant ou par d'autres moyens. Certains avaient même l'esprit d'entreprise et ouvraient un stand de limonade, tondaient les pelouses de leur quartier ou pelletaient les entrées de garage des gens pendant l'hiver. En gagnant cet argent, ils apprenaient la valeur d'un dollar. Depuis des générations, les parents disent à leurs enfants que l'argent n'est pas facile à trouver et qu'il faut le chérir à chaque instant.

Telle a été la réalité pour de nombreuses personnes dans le monde. La mentalité traditionnelle qui consiste à gagner de l'argent de manière active par le biais du travail ou d'une entreprise, puis à le placer sur un compte d'épargne jusqu'à ce que vous ayez suffisamment d'argent pour prendre votre retraite un jour, est encore un point d'enseignement populaire parmi les jeunes de ce monde. À première vue, il n'y a vraiment rien de mal à faire tout cela. Ce n'est certainement pas illégal ou contraire à l'éthique. Lorsque nous gagnons notre propre argent, nous l'apprécions certainement davantage.

Nous devrions l'apprécier davantage. Les adolescents qui se contentent d'emprunter de l'argent à leurs parents peuvent ne pas comprendre la difficulté d'en obtenir. Lorsqu'ils commencent à le gagner eux-mêmes et à ne plus dépendre d'un soutien financier, ils prennent soudain la chose beaucoup plus au sérieux.

L'avantage de la mentalité traditionnelle est qu'elle vous protège. Vous gagnez tout l'argent que vous pouvez, puis vous le placez sur un compte chèque ou un compte d'épargne. Ces comptes sont assurés, et votre argent croît d'un petit pourcentage basé sur le taux d'intérêt. C'est assez simple à faire et ne présente que peu ou pas de risques. Jusqu'à ce que vous ne receviez plus d'argent. De cette manière, vous commencez à perdre de manière exponentielle. L'argent gagné à partir d'un emploi ou d'un revenu professionnel est formidable lorsqu'il est là. Quand il disparaît, ce sentiment de sécurité disparaît aussi.

Je n'essaie pas de transformer cet article en un livre de conseils de vie. Mais je tiens à souligner que le fait de jouer la carte de la sécurité vous impose un nombre considérable de limites. Cela est vrai qu'il s'agisse de finances ou de tout autre aspect de la vie. Lorsque nous jouons la sécurité, nous perdons beaucoup de choses, et nous prenons finalement le plus grand risque lorsque nous n'en prenons pas du tout. En effet, de nombreuses opportunités nous échappent car nous sommes terrifiés à l'idée de les saisir. Nous avons peur de sortir de la boîte qui a été créée pour nous.

Avant d'aborder le sujet principal, l'objectif de ce chapitre est de vous aider à voir les choses sous un angle différent. En fait, nous voulons remettre en question votre façon de voir l'argent en général et changer votre mentalité financière. Nous voulons ouvrir votre esprit à la possibilité de gagner plus d'argent en n'y pensant plus de manière traditionnelle. Nous voulons que vous commenciez à penser à investir.

Avant d'en arriver là, vous devez rejeter l'idée de jouer la sécurité. Investir exige un certain niveau de risque. Avec un risque supplémentaire, viennent des chances supplémentaires de récompenses. Plus le risque est grand, plus la récompense est grande. Mais cela signifie aussi que plus le risque est grand, plus vous avez de chances de perdre. Lorsque nous commençons à penser différemment et que nous sortons de notre bulle de sécurité, nous devons prendre conscience de tout cela. Nous devons comprendre que penser de manière démodée n'est que cela : démodé. Prendre des risques crée des opportunités supplémentaires dont nous ne soupçonnions peut-être même pas l'existence. Lorsque nous les saisissons et que nous gagnons, nous gagnons beaucoup.

Bien entendu, nous sommes conscients qu'il ne suffit pas de dire qu'il faut changer d'état d'esprit. Nos croyances, nos pensées et nos actions sont souvent ancrées en nous depuis l'enfance. Elles peuvent même remonter à plusieurs générations. Même lorsque nous devenons adultes, les leçons, voire les sermons que nous avons reçus de nos parents, restent au fond de notre esprit. Les écoles publiques ne proposent pas beaucoup de cours d'éducation financière, sauf s'il s'agit de cours facultatifs. Même dans ce cas, ces cours proposent des programmes qui enseignent davantage l'approche sécuritaire de la gestion de l'argent.

La plupart des gens continuent à mener une vie tranquille et se contentent de gagner de l'argent dans un emploi pour le mettre de côté pour plus tard. Après des décennies de gains et d'économies, ils peuvent avoir assez d'argent pour prendre leur retraite. Certaines personnes connaîtront des difficultés financières majeures, et il y a quelques approches qui peuvent être prises à partir de là. Ils peuvent s'effondrer complètement. Elles peuvent avoir un deuxième ou un troisième emploi pour se remettre sur pied. Elles peuvent demander l'aide de leur famille et de leurs amis ou des allocations de chômage jusqu'à ce qu'elles soient à nouveau sur pied. Ou bien, ils peuvent changer complètement le cours de leur vie et commencer à penser à l'argent d'une toute nouvelle façon. C'est de cette orientation que nous voulons parler ici.

L'amélioration de notre état d'esprit et de notre acuité financière passe par plusieurs étapes. Puisque certains enseignements nous ont été endoctrinés, il sera difficile de les laisser tomber. Nous devons travailler pour changer notre façon de penser, mais cela en vaudra la peine au bout du compte. Nous allons vous montrer comment. Avant de parler spécifiquement du changement de notre mentalité financière, nous allons aborder divers autres changements d'état d'esprit qui doivent être adoptés.

Notez bien que nous ne vous demandons pas d'être négligent avec l'argent, ni de ne pas l'estimer. Vous devez certainement apprécier l'argent que vous gagnez, car il a été durement gagné. L'investissement calculé ne revient pas à jouer ou à jeter votre argent par les fenêtres. Il s'agit d'essayer d'accroître votre patrimoine en prenant un minimum de risques.

Apprendre à prendre des risques Lorsque nous mentionnons les risques ici, nous faisons référence à des risques raisonnables et intelligents. Jeter son argent dans une mode parce qu'elle promet de vous rapporter gros, ce n'est pas prendre un risque, c'est être irresponsable. Un risque intelligent est quelque chose que vous avez recherché au mieux de vos capacités, dont vous avez évalué les aspects positifs et négatifs et pour lequel vous avez fait un acte de foi. Le saut en parachute est risqué, mais le fait de suivre une formation adéquate, de disposer de l'équipement approprié et d'écouter les instructions des experts le rend quelque peu raisonnable. Faire du parachutisme sans la formation et la préparation adéquates est tout simplement insensé, comme tout autre risque.

La prise de risque se définit simplement comme l'acte de sacrifier quelque chose de personnel, qu'il s'agisse d'émotions, d'énergie, de temps, d'argent ou de sécurité, pour améliorer sa situation. Dans le cas du saut en parachute, il s'agit de s'offrir un frisson que l'on n'a peut-être jamais eu auparavant. Prendre un risque signifie aller au-delà de votre zone de confort en vous exposant à l'incertitude. Cela peut sembler effrayant. Voulez-vous faire marche arrière et abandonner maintenant ? J'espère bien que non. Lorsque vous êtes habitué à la sécurité, le risque peut être accablant. Cependant, nous pouvons vous aider à prendre davantage de risques en faisant quelques pas dans la bonne direction.

Identifiez ce que vous voulez réaliser :

Vous devez comprendre parfaitement ce que vous voulez réaliser, car cela vous permettra de savoir pourquoi vous devez prendre un certain risque. Une fois que vous êtes clair à ce sujet, il est temps de reconnaître les résultats potentiels et les résultats ou conséquences qui peuvent en découler. Ne regardez pas seulement ce que vous pouvez gagner, mais aussi ce que vous pouvez perdre. C'est la seule façon d'examiner la situation de manière objective. Si, d'après l'évaluation, ce que vous perdez en vaut la peine par rapport à ce que vous pourriez gagner, alors le risque devrait en valoir la peine.

La prochaine chose que vous devez considérer est les obstacles sur votre chemin. Qu'est-ce qui peut potentiellement vous empêcher d'atteindre votre objectif, et comment pouvez-vous le surmonter ? Lorsque vous réfléchissez suffisamment, il y a généralement toujours une solution. Une fois que vous avez compris les obstacles, évaluez ensuite toutes les autres certitudes que vous pouvez avoir. Quelles sont les autolimitations potentielles que vous avez ? Quelle est la pire chose qui puisse arriver ? Posez-vous ce genre de questions lorsque vous évaluez votre capacité à prendre un risque.

Évaluez les leçons du passé :

Avant d'adopter un comportement risqué, réfléchissez aux

leçons que vous avez apprises dans le passé. Ces leçons vous donnent-elles un aperçu de ce qui se passe maintenant ? Tout ce que vous avez appris par expérience peut être utilisé dans le présent. Les succès et les échecs de votre histoire personnelle peuvent vous aider à prendre des décisions plus éclairées en ce moment. En outre, vous pouvez apprendre de l'histoire des autres. Soit en l'observant vous-même, soit en recevant des conseils.

Si vous n'avez jamais rien fait qui ressemble de près ou de loin à ce que vous êtes sur le point d'entreprendre, essayez de trouver les expériences les plus pertinentes possibles pour la situation actuelle. Ce n'est pas parce que vous n'avez jamais vécu quelque chose que d'autres leçons de votre vie ne peuvent pas être relatées. Une fois que vous aurez commencé à chercher honnêtement, vous n'en reviendrez pas de ce que vous pouvez apprendre de votre passé.

Élaborez un plan d'action :

Établissez un plan spécifique sur la façon dont vous voulez procéder et sur un délai raisonnable que vous envisagez. Ce faisant, indiquez également les ressources dont vous disposez ou que vous pouvez obtenir d'une manière ou d'une autre. Si une formation spécifique est nécessaire, renseignez-vous avant de commencer. Par exemple, si votre objectif est de devenir pompier en six mois mais que vous n'avez même pas commencé les études ou que vous n'avez pas les moyens financiers à votre disposition, ce n'est pas un objectif raisonnable.

Vous pouvez toujours devenir pompier, mais cela ne se fera pas en six mois.

Considérez également le moment où le risque est pris. Est-il raisonnable pour vous de prendre quelque chose en fonction de votre emploi du temps ou de votre situation actuelle ? Nous voulons que vous vous mettiez au défi, mais accepter d'en faire plus que ce que vous pouvez supporter n'est pas une approche responsable. Évaluez les conséquences négatives potentielles de votre plan d'action et demandez-vous si vous êtes équipé pour les gérer. Élaborez un plan aussi détaillé que possible, puis préparez-vous à aller de l'avant avec un peu de foi.

Décidez si le risque vaut la peine d'être pris :

Sur la base de l'analyse que vous avez faite jusqu'à présent, décidez si vous êtes prêt à vous lancer et à prendre le risque. Un risque particulier vaut-il la peine d'être pris ?

C'est le moment de passer à l'action sans hésitation. Si vous ne vous y consacrez qu'à moitié, vos chances de réussite sont beaucoup plus faibles. Nous avons déjà fait notre planification et notre préparation, et maintenant il est temps que le destin prenne le dessus. Vous n'avez pas besoin d'aller vite. Vous devez simplement aller de l'avant.

Prendre des risques raisonnables implique généralement d'avoir un objectif derrière soi. Cela signifie qu'il existe des facteurs de motivation pour prendre un risque. En ce qui concerne le sujet dont nous discutons ici, la principale motivation pour prendre des risques financiers est d'avoir plus d'abondance financière. Une fois que nous avons déterminé pourquoi et comment nous allons procéder, il est temps de porter notre attention sur notre acuité financière.

Changer la mentalité sur l'argent Voici l'essentiel. L'état d'esprit traditionnel sur l'argent a fortement limité votre mentalité financière. Elle vous a gêné et vous a même empêché d'atteindre le succès financier dont vous êtes capable. Essentiellement, elle vous a empêché d'être fauché. Nous avons entendu d'innombrables fois que l'état d'esprit est ce qui maintient les gens dans la pauvreté. Il s'agit d'une affirmation controversée, et beaucoup de gens ne comprennent pas ce qu'elle signifie. Nous ne disons pas que vous vous réveillez tous les matins en vous réjouissant de ne pas avoir assez d'argent pour payer vos factures, effectuer des réparations, nourrir vos enfants, acheter une plus belle maison ou voyager où vous voulez. Ce que nous voulons dire, c'est que votre façon de penser crée des limites à ce que vous pouvez faire.

Au lieu de rentrer à la maison et de lire des livres, des articles ou des blogs sur la richesse, vous vous installez simplement sur le canapé et cherchez ce qui passe à la télévision. Au lieu d'économiser de l'argent supplémentaire pour le placer sur un compte ou un fonds à haut rendement, vous préférez acheter la dernière tendance ou vous arrêter dans votre café préféré pour prendre un latte à cinq dollars. Imaginez combien d'argent vous pourriez économiser chaque mois si vous réduisiez de moitié le nombre de lattes que vous buvez dans un café. Disons que vous buvez 30 lattes par mois à cinq dollars l'unité. En réduisant ce nombre à 15, vous économiseriez 75 dollars par mois. Cela représente 900 $ par an, ce qui est une bonne somme d'argent.

Nous sommes conscients que nous faisons beaucoup de généralisations ici et nous nous en excusons. Il se peut que vous ne dépensiez pas d'argent de manière frivole et que vous soyez en fait assez responsable. Vous avez peut-être des raisons très légitimes de vous débattre avec vos finances. Nous sommes simplement là pour vous aider à commencer à réfléchir aux moyens de changer vos habitudes financières. La plupart d'entre nous ont des problèmes de gestion de l'argent, et ils peuvent devenir très préjudiciables si nous ne les abordons pas correctement.

Même si cela peut s'avérer difficile, il est tout à fait possible de changer votre mentalité en matière d'argent. Nous pouvons littéralement réentraîner notre esprit à penser différemment et commencer à briser les chaînes qui nous ont été imposées pendant si longtemps. En tant qu'adultes, si nous sommes ouverts d'esprit, nous pouvons apprendre de nouvelles choses en permanence. Nous suivons des cours d'éducation des adultes pour apprendre de nouvelles langues, de la peinture, de la poterie, ou même pour exercer un métier. Nous pouvons certainement prendre le temps d'en apprendre davantage sur les finances aussi.

Pour une raison quelconque, il y a une résistance à tout cela. Cela peut certainement être dû au fait que l'argent détient tant de pouvoir dans ce monde. Il y a tellement de choses que nous ne pouvons pas faire sans lui. Si nous ne l'avons pas, nous pouvons tout perdre, y compris notre maison, nos voitures, nos amis et notre famille. L'argent n'est pas quelque chose que nous nous sentons à l'aise de perdre. Honnêtement, vous ne ressentirez jamais vraiment cela. Il n'est jamais amusant de perdre de l'argent, et chaque fois que cela se produit, cela fait mal dans une certaine mesure. L'objectif ici est d'être à l'aise en étant mal à l'aise. Nous avons discuté précédemment de l'état d'esprit approprié pour prendre des risques. Une fois que nous sommes mieux préparés à sortir de notre zone de confort, nous faisons un pas de plus vers un nouvel état d'esprit en matière d'argent.

De nombreuses personnes vivent dans un état d'esprit de pénurie. Cela se traduit par leur façon de gérer l'argent. Soit les gens sont terrifiés à l'idée de dépenser de l'argent, soit ils dépensent tout ce qu'ils gagnent dès que leur chèque arrive. Avec l'état d'esprit de pénurie, vous serez toujours concentré sur le fait de ne pas avoir assez d'argent. Avant d'être en mesure d'investir avec un certain niveau de confort, vous devez apprendre à faire passer vos processus de pensée de la pénurie à l'abondance.

Contrairement à la pénurie, l'esprit d'abondance vous permet de voir les choses sous un jour favorable. Vous deviendrez ouvert à de nombreux résultats financiers différents qui se présentent à vous. Au lieu de vous concentrer sur les limites de vos affaires financières, vous commencerez à voir le potentiel caché. Lorsque cela se produira, vous serez prêt à créer plus de richesse, car vous croirez que c'est possible. Si vous ouvrez une entreprise, par exemple, vous serez capable d'imaginer les clients faisant la queue pour acheter vos produits ou services.

Cela ne signifie pas que vous vivez dans un monde imaginaire. Cela ne signifie pas non plus que vous n'êtes pas prêt à faire face à d'éventuels problèmes. C'est simplement qu'ils ne sont pas au centre de votre réflexion.

Robert Kiyosaki, expert financier et auteur de best-sellers, explique que les gens ne pensent pas du tout à gagner de l'argent. Lorsque les gens voient quelque chose qu'ils ne peuvent pas se permettre, ils se disent simplement "Je ne peux pas me permettre ça", puis passent à autre chose. Ce type de pensée ferme l'esprit et les gens abandonnent immédiatement. Vous êtes très injuste envers vous-même en agissant ainsi. Ce que les gens devraient faire, c'est se poser la question "Comment puis-je me permettre cela ?". Ce type de pensée permet de garder l'esprit ouvert aux nombreuses possibilités qui existent dans le monde.

L'état d'esprit d'abondance va de pair avec la théorie de la loi de l'attraction. Essentiellement, lorsque vous vous concentrez sur le fait d'avoir plus d'argent que nécessaire, vous l'attirez dans votre vie. Vous aurez toujours plus que ce dont vous avez besoin pour atteindre vos objectifs. La peur de ne jamais en avoir assez disparaîtra. Il existe des moyens de modifier votre façon de penser pour commencer à croire de cette manière. Nous allons aborder certaines de ces méthodes ici.

L'argent a besoin d'une direction :

Vous devez avoir un plan pour savoir ce que vous allez faire de votre argent. Vous pouvez avoir toutes les rentrées d'argent, mais si vous n'avez aucune idée de ce que vous allez en faire ou de comment le gérer, vous finirez par tout perdre. C'est pourquoi tant de personnes qui ont gagné des millions de dollars se retrouvent complètement ruinées. Ils n'avaient aucun plan pour leur argent, ou ils l'ont très mal exécuté. Vous devez être différent. Vous devez mettre en place un plan financier immédiatement.

Réduisez les dépenses émotionnelles :

Les gens dépensent souvent de l'argent en fonction de leurs émotions et de ce qui se passe dans leur vie à ce moment-là. Il peut s'agir de dépenses mineures, comme un achat impulsif au magasin, ou de dépenses importantes, comme l'achat d'une maison hors de prix. Lorsque les gens sont extrêmement heureux, ils célèbrent leur bonheur en dépensant de l'argent. Lorsque la vie ne va pas bien, ils utiliseront l'argent pour essayer de se sentir mieux. L'argent donne un sentiment de pouvoir, et les gens le dépensent pour se sentir à nouveau maîtres de la situation.

Vous devez comprendre que la vie ne se déroulera pas toujours comme prévu. Il y aura beaucoup de hauts et de bas, mais cela ne doit pas vous inciter à devenir irresponsable avec votre argent. Vous devez contrôler vos émotions pour éviter les décisions irréfléchies. Dans le monde de l'investissement, cela peut signifier vendre une action ou acheter un bien locatif à un moment inopportun.

Les situations financières sont personnelles Nous essayons de suivre la mode. C'est une phrase que vous avez probablement entendue maintes et maintes fois. En gros, cela signifie que nous comparons notre vie à celle des autres et que, lorsque nous nous apercevons que nous ne sommes pas à la hauteur, ce qui arrive inévitablement à un moment ou à un autre, nous nous sentons comme des ratés. Cela vaut également pour les questions d'argent. Très souvent, nous comparons notre situation financière à celle de nos amis, de notre famille, de nos voisins ou de nos collègues de travail. Nous avons l'impression de devoir les suivre ou les dépasser. Considérer votre situation financière de cette manière peut créer des sentiments d'infériorité, d'envie et de désespoir.

Comprenez maintenant que vos finances vous sont personnelles et ne sont pas relatives à quelqu'un d'autre. Cela signifie que votre succès avec l'argent est basé sur l'atteinte de vos propres objectifs et non sur le fait de suivre quelqu'un d'autre. Vous voyez peut-être une personne que vous connaissez conduire une voiture de luxe, acheter une nouvelle maison, prendre des vacances extravagantes ou avoir toujours les derniers gadgets. Ces personnes peuvent avoir une abondance de richesses qu'elles sont capables de dépenser, ou bien elles se débrouillent tant bien que mal et ne font que paraître riches. Pour ce que vous en savez, ils pourraient avoir des milliers de dollars de dettes. Quoi qu'il en soit, cela ne devrait pas vous concerner. Les finances des autres ne vous regardent pas, alors concentrez-vous sur votre propre situation. En pensant de cette manière, vous éviterez de dépenser de manière irresponsable juste pour suivre votre entourage.

Changez votre scénario financier :

Comment vous arrive-t-il de parler d'argent et de richesse ? Par exemple, lorsque vous voyez un article hors de votre gamme de prix, dites-vous quelque chose comme "C'est beaucoup trop cher et je ne pourrai jamais me le permettre" ? Vous dites-vous que vous ne réussirez jamais aussi bien que vous le souhaitez ? Si c'est le cas, vous avez un scénario financier négatif. Cela crée de graves blocages financiers dans nos vies, car nous nous imposons des limites. La façon dont vous pensez à l'argent affectera votre situation financière car ce sont nos pensées qui créent l'action. L'action est ce qui crée les résultats.

Il est important d'identifier tous les scénarios négatifs concernant l'argent dans votre vie et de les remplacer par des scénarios positifs. C'est un excellent moyen de commencer à changer votre état d'esprit de pénurie en un état d'abondance. Au lieu de dire : "Je ne pourrai jamais me permettre cela", dites : "Je trouverai un moyen de me le permettre". Changer de simples déclarations comme celle-ci peut sembler insignifiant ; cependant, cela va lentement changer votre façon de penser et commencer à ouvrir votre esprit aux possibilités qui peuvent exister. Il s'agit d'une tactique très simple, mais les résultats sont considérables.

Alors que vous essayez de changer vos finances, réfléchissez à la façon dont la façon dont vous parlez de vous vous retient. Déterminez si les paroles négatives vous sabotent. Si vous ne croyez pas en vous, vous ne pourrez jamais avoir un état d'esprit d'abondance.

L'argent n'est pas le mal Vous avez peut-être entendu l'expression "L'argent est la racine de tous les maux". Cette expression a été modifiée au fil du temps, mais elle suggère que toutes les mauvaises actions ou le mal dans le monde proviennent de l'argent et de l'obsession des gens pour celui-ci. L'argent a vraiment reçu une mauvaise image au fil des ans, car les gens en sont devenus obsédés et l'ont utilisé pour accomplir des actes très cruels. Voici pourtant une dure vérité. L'argent n'est pas mauvais. En fin de compte, ce sont les actions des gens qui sont mauvaises.

L'argent est bon lorsqu'il sert à payer vos factures, à acheter votre nourriture, à garder un toit sur votre tête ou à aider une bonne cause. Qu'est-ce qui est différent ici ? Que fait-on avec l'argent ? Cessez d'avoir une vision négative de l'argent et commencez à le considérer sous un angle positif. Imaginez toutes les grandes choses que vous pouvez faire dans ce monde lorsque vous avez de l'argent en abondance.

Chassez de votre esprit la phrase "L'argent est la racine de tous les maux" et cessez de le rendre responsable des mauvaises choses de ce monde. Une fois que vous aurez modifié votre processus de pensée de cette manière, vous commencerez à attirer l'argent dans votre vie. Après avoir pris ces mesures pour changer votre mentalité financière, vous êtes maintenant prêt à envisager d'investir.

La loi de l'attraction Nous avons abordé ce concept tout au long de ce chapitre. Nous souhaitons approfondir la loi de l'attraction, notamment en ce qui concerne l'argent. Les gens interprètent mal ce que signifie réellement la loi de l'attraction. Honnêtement, vous ne pouvez pas les blâmer non plus, étant donné les nombreuses façons dont elle a été présentée. Vous ne pouvez pas vous asseoir dans une position de yoga toute la journée et attirer tout ce que vous voulez en y pensant simplement. Ce que cette loi signifie vraiment, c'est que ce que vous pensez à l'intérieur de vous, l'univers le manifestera pour vous.

En ce qui concerne l'argent, ce que vous ressentez et pensez de l'argent est ce que l'univers créera pour vous. Si vous vous fermez constamment à l'idée de gagner plus d'argent, l'univers s'en rendra compte et vos problèmes d'argent ne disparaîtront jamais. Vous ne serez jamais en mesure d'obtenir la richesse parce que l'univers ne vous présentera pas les opportunités pour le faire. Voici un autre fait intéressant. Si vous pensez au concept de pauvreté d'un point de vue négatif, vous continuez à créer une énergie négative envers la richesse. Par exemple, si vous pensez toujours : "Je déteste être pauvre", les vibrations que vous émettez sont encore celles de la pauvreté et de l'appauvrissement.

Selon la loi de l'attraction, vous devez toujours penser à l'argent dans un sens positif. Au lieu de dire "Je déteste être pauvre", dites quelque chose comme "Je veux devenir riche". Changez littéralement votre vocabulaire et chassez complètement l'idée d'être pauvre de votre tête. Une fois que vous avez acquis cet état d'esprit, il est temps de vous mettre au travail. Vous ne pouvez pas simplement penser votre chemin vers la richesse. La pensée positive ouvre votre esprit et fait apparaître des opportunités. Vous devez avoir le courage de saisir ces opportunités et de travailler d'arrache-pied pour en faire de grandes choses.

C'est de là que vient la déconnexion. Penser positivement et travailler dur, voilà ce qu'est la loi de l'attraction.

Les bases de l'investissement L'investissement peut être divisé en plusieurs sections et sous-sections. La définition de base, en ce qui concerne les finances, est de dépenser de l'argent dans l'espoir d'en tirer un certain type de profit. Cela peut également être appelé un retour sur investissement. Un exemple simple est l'achat d'une maison à un certain prix, puis sa vente quelques années plus tard à un prix plus élevé. La différence entre le prix auquel vous avez vendu la maison et le prix auquel vous l'avez achetée constitue le bénéfice. Le terme "investissement" a également été utilisé pour d'autres aspects de notre vie. Par exemple, faire quelque chose de positif pour sa santé s'appelle investir dans sa santé. Dans ce livre, nous allons nous concentrer sur les investissements financiers.

Investir demande beaucoup de temps, de force, d'énergie, de patience, de connaissances et de foi. Je dis la foi parce qu'une fois que vous avez fait vos recherches et pris les mesures appropriées, la chance jouera un rôle majeur dans les résultats. Bien sûr, la chance ne peut pas être le facteur décisif. Surtout pour les investissements à long terme. À un moment donné, les compétences doivent également jouer un rôle.

Investir peut être compliqué, surtout lorsque vous débutez. Il y a beaucoup de phrases, de techniques et de chemins à considérer en raison du grand nombre de possibilités qui existent. Investir ne devient jamais facile, quelle que soit votre expérience. Il y aura toujours des variables indépendantes de votre volonté, et il n'y a aucun moyen de tout prévoir. La meilleure voie est de bien faire vos recherches et d'avoir les qualités que nous avons mentionnées ci-dessus.

Toutes les techniques de modification de l'état d'esprit dont nous avons parlé nous ont conduits jusqu'à ce point. Sans ce changement, nous n'aurions jamais le courage d'investir. Nous nous contenterions de jouer la sécurité pour le reste de notre vie et d'éviter autant d'ennuis que possible. Il est vrai que moins vous prenez de risques, moins vous avez de chances d'avoir des échecs massifs. Cependant, vous vivrez votre vie avec des limites et vous perdrez toutes sortes d'argent qui vous sont accessibles.

En investissant de plus en plus, vous perdrez de plus en plus d'argent. C'est difficile à éviter. Vous n'aurez pas toujours raison, et vous devez l'accepter. Vous devez accepter de tomber à plat. Certains des plus grands investisseurs de l'histoire ont perdu plus d'argent que la plupart des gens ne peuvent même pas imaginer en avoir. Cela s'est produit parce qu'ils étaient prêts à prendre des risques pour obtenir des rendements élevés.

Warren Buffett, grand maître de l'investissement en bourse et plusieurs fois milliardaire, est régulièrement classé parmi les hommes les plus riches du monde. Sa valeur nette fluctue beaucoup, et il sera difficile de prédire ce qu'elle sera au moment où vous lirez cette section. Quoi qu'il en soit, les classements vous montreront ce qu'ils valent, mais pas combien ils ont perdu en cours de route. Warren Buffett a perdu des milliards au fil des décennies. Il est toujours considéré comme l'un des investisseurs les plus performants de tous les temps, si ce n'est le plus performant.

L'objectif de ce livre n'est pas de faire de vous le prochain Warren Buffett. Si c'est le cas pour vous, alors félicitations. Nous avons simplement voulu illustrer l'état d'esprit nécessaire pour devenir un investisseur. Vous ne pouvez pas avoir peur de perdre. Vous ne pouvez pas vous attarder sur votre échec, mais sur votre réussite. Vous devez garder un esprit positif dans les bons et les mauvais moments.

Lorsque vous êtes prêt à investir, vous avez officiellement ouvert votre esprit à tout l'argent qui existe. Il y a vraiment un grand pot disponible, et une fois que vous aurez compris comment y accéder, vous aurez le potentiel de créer une grande richesse. Les bons investisseurs connaissent le fonctionnement du marché. Maintenant que vous êtes prêt, nous allons vous aider à comprendre cela aussi.

2

Comprendre l'autre côté

Avant d'aborder le sujet des fonds passifs, il convient de passer en revue quelques points de discussion. Vous devez comprendre ces concepts car ils seront vos adversaires au cours du processus d'investissement et même des obstacles que vous devrez surmonter. Si vous ne comprenez pas ces concepts et ne vous y préparez pas, ils détruiront votre portefeuille d'investissement. Nous allons aborder ces points un par un.

Inflation Dans le monde de l'économie, il s'agit de la mesure du taux auquel le niveau moyen des prix de biens et services spécifiques augmente sur une période donnée. Fondamentalement, après un certain temps, un montant monétaire donné aura moins de valeur sur le marché. Par exemple, en 1990, 20 dollars vous permettaient d'acheter une certaine quantité de pommes. Toutefois, en raison de l'inflation, la valeur des pommes augmente au fil du temps, et 20 dollars vous permettront d'acheter moins de pommes.

Sur le ton de la plaisanterie, ce concept est souvent pris à la légère lorsqu'une génération plus âgée déclare qu'une certaine somme d'argent était comme une richesse à l'époque. "Quand j'étais enfant, 50 cents, c'était beaucoup d'argent". Combien de fois avons-nous déjà entendu cette phrase ? En vieillissant, de nombreux articles nécessaires ont vu leur prix augmenter, qu'il s'agisse d'essence, de nourriture, de voitures, de terrains, de biens immobiliers ou de loisirs. Une hausse de l'inflation indique une baisse du pouvoir d'achat d'une monnaie nationale.

Comme la monnaie perd de sa valeur avec l'inflation, le coût global de la vie pour le grand public augmente considérablement. La perte de pouvoir d'achat ainsi créée entraîne un ralentissement important de la croissance économique. La plupart des économistes s'accordent à dire que l'inflation se produit lorsque la masse monétaire d'une nation donnée entrave la croissance économique. La principale autorité monétaire d'un pays fait le nécessaire pour éviter que l'inflation ne devienne incontrôlable et pour assurer le bon fonctionnement de l'économie. L'autorité monétaire est en quelque sorte une banque centrale. Ces organismes peuvent prendre certaines mesures pour que tout reste dans des limites acceptables.

Les causes de l'inflation sont nombreuses. La hausse des prix est à l'origine de ce problème. Les causes de l'inflation peuvent être classées en trois catégories différentes.

- L'effet d'attraction de la demande : Ce type d'inflation se produit lorsque la demande de certains biens et services dépasse largement la capacité de l'économie à les produire. Cette situation de forte demande et de faible offre entraîne une hausse des prix du produit ou du service en question. Par exemple, si un constructeur automobile particulier réduit le nombre de voitures qu'il fabrique, l'offre diminue. Si la demande reste la même ou augmente, cela créera un écart entre l'offre et la demande, et le fabricant augmentera les prix en raison de la demande du public pour la voiture, ce qui entraînera une inflation.

- Effet de pression des coûts : Il s'agit du résultat de l'augmentation des prix au cours du processus de production. Par exemple, le coût de la main-d'œuvre peut augmenter, ou le prix des matières premières peut augmenter, ce qui entraîne une hausse des coûts du produit ou du service final. Par exemple, les prix des logements peuvent monter en flèche en raison de l'augmentation des coûts du bois, du verre, du ciment et d'autres matières premières.

- Inflation intégrée : Lorsque le prix des biens et des services augmente, les travailleurs s'attendent à une hausse des salaires et l'exigent. Il s'agit de maintenir le coût de la vie pour suivre l'augmentation des prix. Cette hausse des salaires entraîne une nouvelle augmentation du coût des biens et des services, et le cycle se poursuit.

L'inflation ne disparaîtra jamais, sauf dans quelques cas. Le prix global des biens et services ne sera pas ce qu'il était il y a 50 ans, et les prix dans 50 ans seront beaucoup plus élevés qu'aujourd'hui. Il existe de nombreuses mesures de politique monétaire qui peuvent être mises en œuvre pour aider à contrôler l'inflation. Cependant, celles-ci échappent largement au contrôle de l'individu moyen et reposent généralement sur les épaules des habitués de la finance, comme la banque centrale.

L'inflation peut être bénéfique ou néfaste, selon le point de vue de l'individu. Les personnes qui détiennent des actions ou des immeubles de placement peuvent profiter de l'inflation, car elles constateront une augmentation de la valeur de leurs actifs. Les personnes qui cherchent à acheter des investissements ou à conserver des liquidités peuvent ne pas apprécier l'inflation car elles devront dépenser plus d'argent. La clé ici est de maintenir un niveau optimal d'inflation et de ne pas la laisser devenir incontrôlable. De cette façon, les acheteurs se sentiront à l'aise pour dépenser, et les investisseurs continueront à voir leur portefeuille augmenter.

Si l'inflation échappe à votre contrôle, cela ne signifie pas que vous ne pouvez pas la gérer de certaines manières. Vous pouvez prendre certaines mesures pour préserver votre épargne et vos investissements, afin de ne pas perdre tout votre argent. La diversification de votre portefeuille peut être un moyen de protéger votre argent contre l'inflation. Toutefois, la diversification ne garantit pas la protection contre la perte de fonds, ni les rendements.

Les investissements en titres protégés contre l'inflation, ou IPS, ont un taux de rendement qui est ajusté en fonction de l'inflation, de sorte qu'il y a une garantie de rendement au bout du compte. Les titres du Trésor protégés contre l'inflation du gouvernement fédéral ou les titres d'entreprise protégés contre l'inflation des sociétés du secteur privé sont des exemples de placements IPS.

Les actions peuvent également protéger vos investissements contre l'inflation. La hausse du cours des actions va généralement de pair avec l'inflation. Si vous détenez actuellement une action et que l'inflation se produit, vos avoirs particuliers ont pris de la valeur.

Nous pourrions écrire des livres toute la journée sur ce qu'est l'inflation et comment elle peut affecter différentes personnes. L'objectif principal de cette section est de vous aider à comprendre que l'inflation ne doit pas être ignorée si vous entrez dans le monde de l'investissement. Plus vous la comprenez, plus vous pouvez l'utiliser à votre avantage. Si vous ne surveillez pas l'inflation et ce qu'elle peut créer, vous finirez presque toujours perdant.

Les grandes banques Les grandes banques n'ont pas la meilleure réputation de nos jours. De nombreux incidents survenus dans un passé récent ont suscité une grande méfiance de la part du grand public. Une grande partie de cette méfiance est justifiée, tandis que d'autres peuvent être fondées sur des faussetés. Quoi qu'il en soit, nous ne sommes pas là pour en discuter maintenant. Les institutions bancaires peuvent être un excellent moyen d'investir en raison de plusieurs facteurs importants.

- Les banques assurent une fonction sociétale qui est très nécessaire et qui ne disparaîtra jamais.

- Le modèle économique d'une banque est relativement facile à comprendre. Elles reçoivent de l'argent de personnes qui créent différents types de comptes et utilisent ce capital pour divers types de prêts à taux d'intérêt, comme les prêts hypothécaires.

- Les actions de nombreuses banques se négocient à un taux avantageux, ce qui permet à un investisseur d'y entrer avec un capital limité. Il n'est pas nécessaire de contracter un prêt ou une deuxième hypothèque pour investir.

Les actions bancaires peuvent constituer un excellent complément à votre portefeuille d'investissement. Il existe trois types de banques différents, énumérés ci-dessous :

- Les banques commerciales : Il s'agit du type typique de banque que vous voyez où vous allez pour effectuer des dépôts et diverses autres transactions.

- Les banques d'investissement : Les banques d'investissement sont généralement engagées par des organisations pour les aider à réaliser des transactions financières complexes. Ce type de banque consiste à lever des capitaux pour des particuliers, des entreprises et des gouvernements, et à donner des conseils sur les fusions, les acquisitions et les restructurations d'entreprises. Les banques d'investissement ne prennent pas de dépôts comme les banques de détail et les banques commerciales.

- Les banques universelles : Ces types de banques fournissent des services à la fois de banques commerciales et de banques d'investissement. Les banques universelles sont beaucoup plus courantes en Europe. Leur croissance a été lente aux États-Unis en raison d'une réglementation stricte.

Si les actions bancaires peuvent être bénéfiques, elles ne constituent pas une stratégie d'investissement à toute épreuve. Il y a quelques éléments à prendre en compte lors de l'analyse des actions bancaires. Il est important que les banques aient des prêts de qualité. Les mauvaises pratiques de prêt du passé sont à l'origine de nombreuses crises financières. Voici quelques mesures du risque bancaire à examiner.

- Ratio des prêts non performants (NPL) : Il s'agit de prêts proches de la défaillance, avec un retard d'au moins 90 jours. Un pourcentage élevé de ces prêts n'est pas le signe d'un portefeuille sain. Pour calculer ce ratio, prenez le montant des prêts non performants et divisez-le par le nombre total de prêts en cours. Ensuite, prenez ce nombre et multipliez-le par 100. Par exemple, si une institution a 7 milliards en prêts non performants et 950 milliards en prêts globaux, cela donne un ratio de 0,7 %. Tout chiffre supérieur à 2 % doit être considéré comme une source d'inquiétude. Un taux élevé de NPL signifie que les banques accordent trop de prêts à des personnes non qualifiées qui ne les remboursent pas. Si une grande partie de cette situation est imputable à l'emprunteur, elle témoigne également d'une extrême irresponsabilité de la part du prêteur.

- Couverture des mauvais prêts : comme nous l'avons déjà mentionné, les prêts accordés ne sont pas toujours remboursés. Les prêts non remboursés sont suivis et appelés provisions pour pertes sur prêts ou couverture des créances douteuses. La couverture des créances douteuses est égale à la provision pour pertes sur prêts divisée par le total des prêts non productifs. Le chiffre final sera un pourcentage après avoir été multiplié par 100. Par exemple, si une institution bancaire met de côté 10 milliards de dollars pour les provisions pour pertes sur prêts, et a un NPL de 6,5 milliards, alors elle a 153% pour la couverture des mauvais prêts. Tant que l'institution a plus d'argent mis de côté pour la couverture des créances douteuses que le montant réel des créances douteuses, c'est un bon signe.

- Créances douteuses nettes : Il s'agit d'une déclaration de la banque prêteuse indiquant que le montant du prêt accordé ne sera probablement pas remboursé. Elle déclare généralement cette déclaration après environ six mois d'impayés sans aucun paiement. Pour obtenir le NCO, il faut diviser le NCO par le total des prêts, puis le multiplier par 100. Par exemple, si le NCO est de 4 milliards, et que le total des prêts est de 900 milliards, alors le taux de NCO est de 0,44 %. La meilleure façon d'évaluer ce chiffre est de le comparer à la moyenne du secteur à ce moment-là. Pendant les mauvais cycles économiques, moins de prêts sont remboursés.

Les grandes banques peuvent être un adversaire de taille pour vous lorsque vous commencez à investir. Si vous apprenez comment elles fonctionnent, vous pouvez en tirer de grands avantages. De nombreuses personnes considèrent les banques comme l'ennemi. Ce n'est pas forcément le cas pour vous.

Les promoteurs Lorsque vous entendez le mot promoteur, vous pensez probablement à quelqu'un qui promeut ou attire l'attention sur certains événements sportifs ou de divertissement. Les promoteurs existent également dans le monde de l'investissement et travaillent de manière similaire. Leur objectif est de lever des fonds pour une activité d'investissement particulière. Ces promoteurs recherchent des investisseurs potentiels et portent à leur attention des informations sur des investissements spécifiques. Leur but ultime est de trouver des capitaux à apporter à l'opportunité d'investissement qu'ils promeuvent avant qu'elle n'arrive ailleurs. Plus ils apportent de capitaux, plus ils reçoivent d'avantages.

Il existe plusieurs types de promoteurs que vous devez connaître.

- Promoteur de penny stock :

Il s'agit d'individus ou d'entités qui font la promotion du marché des penny stocks, qui sont de petites entreprises dont les actions sont moins chères. Ces promoteurs peuvent être ceux qui donnent des témoignages positifs pour susciter l'enthousiasme autour d'un investissement particulier. Ainsi, les actions de la petite entreprise augmentent et génèrent plus de revenus.

- Promoteur commercial basé sur le gouvernement : Il s'agit d'entités gouvernementales qui aident les entreprises américaines à promouvoir leurs produits sur les marchés étrangers.

- Promoteurs occasionnels : Ce sont les clients qui travaillent avec une entreprise particulière et qui ont une bonne expérience. Ils partagent ensuite cette bonne expérience avec le public, ce qui peut attirer davantage de clients et d'investisseurs potentiels.

Un promoteur honnête est une personne en qui vous pouvez avoir confiance et qui vous apportera des informations solides en toute bonne foi. Les problèmes surviennent lorsque des promoteurs malhonnêtes donnent de fausses impressions sur une opportunité d'investissement. Ils peuvent dissimuler délibérément des informations pour faire croire que l'opportunité est irréprochable. De nombreux promoteurs ont été liés à des activités illégales à la suite de grandes escroqueries.

En tant qu'investisseur, vous devez apprendre à faire vos propres recherches et à ne pas laisser les promoteurs vous persuader complètement dans un sens ou dans l'autre. Ces personnes ont également un intérêt financier basé sur le montant du capital qu'elles peuvent apporter. Comprenez qu'ils peuvent avoir à cœur leurs propres intérêts et non les vôtres. Vous pouvez les écouter, mais ne prenez pas leurs paroles pour argent comptant. Le plus grand avantage qu'un promoteur peut avoir pour vous est d'attirer l'attention sur une certaine opportunité dont vous n'auriez peut-être pas eu connaissance autrement. A partir de là, vous pouvez faire vos propres recherches.

Votre plus grand adversaire Nous ne parlerons pas de votre plus grand adversaire en matière d'investissement et de vie en général. Cet adversaire, c'est vous. Personne d'autre que vous-même ne vous empêchera de réussir dans vos investissements. Nous avons parlé précédemment de l'état d'esprit. Si vous ne développez pas l'état d'esprit approprié pour investir, vous ne commencerez probablement jamais, et encore moins vous ne réussirez. Lorsque vous investissez, sachez que certaines choses ne joueront pas en votre faveur. Même si vous effectuez toutes les recherches et que vous faites ce que vous êtes censé faire, les choses peuvent toujours mal tourner. Ne laissez pas cela vous arrêter. Apprenez de vos erreurs et ayez le courage de continuer à aller de l'avant.

Les gens commettent de nombreuses erreurs d'investissement au fur et à mesure. Bien qu'il n'y ait aucun moyen d'éviter toutes les erreurs, comprendre certaines des plus courantes peut vous empêcher de devenir votre propre pire ennemi. Voici quelques éléments à éviter lorsque vous entrez dans le domaine de l'investissement.

- Ne pas comprendre l'entreprise ou l'investissement. De nombreuses personnes investissent dans des entreprises simplement parce qu'elles ont entendu parler de leur succès, mais n'ont fait aucune recherche réelle à leur sujet. Ils se lancent à l'aveuglette, en espérant que tout ira bien. Warren Buffett, l'investisseur le plus prospère au monde, met en garde contre les investissements dans des entreprises dont vous ne comprenez pas le modèle économique.

- Évitez de tomber amoureux d'une entreprise, car cela peut vous faire perdre de vue votre objectif. Lorsqu'une entreprise vous rapporte de l'argent, il est facile d'oublier pourquoi vous l'avez achetée au départ. Vous tombez tellement amoureux de l'entreprise que vous devenez aveugle aux nombreux défauts qui se présentent. Vous pouvez ne pas reconnaître l'entreprise qui s'effondre sous vos yeux parce que vous choisissez de l'ignorer. Gardez toujours à l'esprit que c'est pour les affaires et le profit. Dès qu'une entreprise ne vous rapporte plus de bénéfices, envisagez de la vendre.

- La patience est une vertu, et le manque de patience est préjudiciable. Pour toute réussite à long terme dans la vie, vous devrez progresser lentement et régulièrement. Cela inclut l'investissement. Vous devez adopter une approche très disciplinée, car il y aura beaucoup de hauts et de bas. Vous devez rester concentré et comprendre que les décisions impulsives entraîneront la chute de votre réussite financière future.

- Il est extrêmement difficile, même pour les investisseurs

expérimentés, d'essayer d'anticiper le marché. N'y pensez même pas si vous êtes un novice.

- Une rotation rapide pendant l'investissement ou l'encaissement trop fréquent de liquidités peut être préjudiciable sur le plan financier, car les frais de transaction et les taux d'imposition à court terme engloutiront les bénéfices. Si vous avez de la chance, vous atteindrez le seuil de rentabilité après tous les frais ou vous ferez tout juste un bénéfice. En outre, vous pouvez passer à côté de certains gains futurs à long terme. Cette idée va de pair avec le timing du marché et la patience.

- Attendre d'atteindre le seuil de rentabilité est une erreur que commettent les investisseurs. Cela signifie que vous vous accrochez à un investissement perdant dans l'espoir qu'il prenne à nouveau de la valeur et que vous puissiez au moins le vendre pour ce qu'il vaut. Bien que cela puisse se produire, il est probable que vous perdiez de deux façons. Tout d'abord, l'investissement pourrait baisser encore plus et devenir sans valeur. Deuxièmement, vous pourriez passer à côté de gagnants potentiels en ne retirant pas votre capital pour l'utiliser ailleurs.

- Diversifier votre portefeuille vous permet de ne pas perdre trop d'argent et de réaliser des gains dans l'ensemble. De nombreuses personnes ne le font pas et comptent sur un ou deux éléments pour atteindre la liberté financière. Par exemple, certains investissements de votre portefeuille peuvent ne pas se porter bien, alors que d'autres sont florissants. À moins que vous ne soyez un investisseur de haut niveau, tenez-vous-en au principe de la diversification.

- Les gens se laissent guider par leurs émotions. Je vous informe dès à présent qu'un investissement, quel qu'il soit, vous fera vivre des hauts incroyables et des bas tragiques si vous le faites suffisamment longtemps. Cela créera une quantité variable d'émotions en vous. Ne laissez pas ces émotions vous dominer. Par exemple, ne vous lancez pas dans un investissement sans faire de recherches parce que l'opportunité vous excite, et ne vendez pas un investissement sans y réfléchir parce que vous avez peur. Gardez vos émotions sous contrôle.

Au bout du compte, vous deviendrez votre plus grand adversaire. Bien que l'investissement comporte toujours un certain degré d'incertitude, vous devez faire vos recherches et procéder de la manière qui vous convient le mieux. Mettez-vous au défi de devenir constamment un meilleur investisseur.

Je veux que vous vous familiarisiez avec les adversaires auxquels vous aurez affaire lorsque vous commencerez à investir. Il y en aura d'autres qui se présenteront au-delà de ces quatre-là. Je ne veux pas que ces obstacles vous empêchent de devenir un investisseur prospère. Encore une fois, je n'essaie pas de vous transformer en Warren Buffett. Si ce livre est votre point de départ et que vous devenez le prochain grand investisseur mondial, c'est formidable. Sachez toutefois que vous devrez faire preuve de persévérance et vous réorienter à plusieurs reprises en cours de route. Plus vous investissez, plus vous serez confronté à des défis. Reconnaissez-les, apprenez à les connaître, respectez-les, mais ne vous laissez pas contrôler par eux.

3

Fonds d'investissement passifs

Compte tenu de ce que nous avons déjà couvert sur l'investissement, il existe de nombreuses voies que vous pouvez emprunter. De nombreux investisseurs peuvent performer et gagner des millions de dollars dans leur sommeil. Ces personnes savent ce qu'elles font et comment utiliser le marché à leur avantage. Ils sont expérimentés et ont fait le tour de la question de nombreuses fois. Bien sûr, il existe de nombreux investisseurs expérimentés qui ont encore du mal à gagner beaucoup d'argent. De nombreux investisseurs débutants commencent lentement, puis progressent. Certaines personnes restent conservatrices toute leur vie. Dans ce livre, nous partirons du principe que vous êtes un nouvel investisseur. C'est pourquoi nous vous proposons une approche sûre pour entrer sur le marché et gagner de l'argent supplémentaire grâce à des fonds d'investissement passifs.

L'investissement passif est une stratégie utilisée pour maximiser les rendements en minimisant les achats et les ventes. Au sens large, il s'agit d'une stratégie d'achat et de conservation à long terme. Les méthodes utilisées dans ce type de stratégie d'investissement visent à éviter les frais et les durées de performance limitées qui se produisent avec les transactions fréquentes qui accompagnent les stratégies d'investissement actives. L'hypothèse principale des stratégies d'investissement passives est que le marché affichera des rendements positifs au fil du temps. Elles ne dépendent pas des fluctuations à court terme. Les fonds d'investissement passifs constituent une approche sûre pour entrer dans le monde de l'investissement.

L'investissement actif Avant d'approfondir les stratégies d'investissement passif, nous allons décrire ce que sont les fonds actifs. Si vous devenez un investisseur plus à l'aise, vous pourrez adopter cette approche à l'avenir. Les fonds actifs nécessitent un élément plus humain, comme les gestionnaires de fonds, qui peuvent suivre de près ces placements et prendre des décisions en temps réel. Les personnes et les entreprises qui suivent la stratégie active croient qu'elles peuvent devancer le marché et même le surpasser.

La gestion active cherche à produire des rendements plus élevés et plus rapides que les fonds passifs. Les méthodes requises sont difficiles à maîtriser et, comme nous l'avons déjà mentionné, même les investisseurs les plus expérimentés ont du mal à y parvenir. Voici quelques-uns des avantages de la gestion active :

- Avoir un gestionnaire qui est un expert dans un secteur particulier, comme l'automobile.

- Il y a une certaine flexibilité dans les investissements que vous pouvez acheter, et la possibilité d'acheter et de vendre selon les besoins est tout à fait accessible. La synchronisation avec le marché est un élément important.

- Il est possible de gagner beaucoup d'argent sur une courte période.

- Il y a de nombreux avantages à tirer de ces types de fonds.

Dans l'ensemble, la gestion active des fonds est un type d'investissement beaucoup plus agressif qui offre un potentiel de rendement plus élevé, mais qui comporte des risques plus importants. Les résultats dépendent ici des compétences de l'investisseur ou du gestionnaire individuel.

Fonds passifs : avantages et inconvénients Maintenant que nous avons compris ce que sont les fonds de gestion active, nous allons nous concentrer sur les fonds d'investissement passifs. Le maintien d'un portefeuille diversifié est une stratégie d'investissement importante et le fondement des fonds passifs. Les fonds indiciels sont une forme d'investissement passif qui crée de la diversité en répartissant le risque. Ils y parviennent en détenant un grand nombre de titres dans leur indice de référence. Ces types de fonds ciblent un point de référence, ou indice, et ne recherchent pas les investissements gagnants. De cette manière, ils évitent d'acheter et de vendre constamment des titres. Ils ont donc des frais et des dépenses moins élevés que les fonds gérés activement. Alors que les fonds actifs doivent être suivis activement par un gestionnaire, les investissements passifs comme les fonds indiciels suivent un indice, ils constituent donc un moyen facile d'investir dans un marché choisi.

Outre les frais ultra-faibles et les risques réduits des investissements dans des fonds passifs, il existe de nombreux autres avantages. Tout d'abord, il y a beaucoup de transparence, car vous savez toujours quels actifs sont concernés. La stratégie "buy-and-hold" n'entraîne généralement pas d'impôts massifs sur les plus-values au cours de l'année. Enfin, détenir un fonds indiciel ou un autre groupe d'indices est beaucoup plus facile et demande moins de travail qu'un fonds actif. Avec un fonds actif, il y a beaucoup de stratégie en jeu, ce qui nécessite une recherche et un ajustement constants. Si vous ne prêtez pas attention à un fonds actif pendant un certain temps, vous risquez de prendre un sérieux coup. Cela ne risque pas de se produire avec un fonds passif, car une participation active n'est pas nécessaire.

Comme toute bonne chose, les fonds passifs ont leurs inconvénients. Vous devez au moins les connaître pour être pleinement informé. En général, les partisans des fonds actifs critiquent les fonds passifs de la manière suivante.

- Ils sont beaucoup trop limités. Les fonds passifs suivent un ensemble prédéterminé d'investissements avec très peu d'écarts autorisés. Cela signifie que les investisseurs sont bloqués dans leurs positions, malgré l'évolution du marché. Le manque de flexibilité rebute fortement les investisseurs actifs. Ils sont essentiellement bloqués sur des actions, même si elles sont peu performantes. D'autres actions de leur indice peuvent compenser ces pertes si elles se portent bien.

- Ils ont un potentiel de rendement plus faible. Les fonds

passifs, par définition, ne battront jamais le marché. Leurs positions sont verrouillées pour suivre le marché, même en période de grande agitation. Le seul moment où un rendement important se produira est lorsque le marché connaît une forte expansion. Néanmoins, ce rendement ne sera pas très élevé par rapport aux fonds actifs.

Les fonds indiciels sont considérés comme idéaux pour divers comptes de retraite tels que les 401k ou les IRA. L'investisseur légendaire Warren Buffett les qualifie de havre d'épargne à utiliser pour les dernières années de la vie. La plupart des gens ne sont pas des investisseurs à plein temps. Ils ont des carrières régulières, des familles, des loisirs et d'autres intérêts qui occupent la majorité de leur temps. Ils n'ont pas forcément la capacité d'investir de manière agressive. En ce sens, les fonds indiciels et autres stratégies d'investissement passif sont plus judicieux. Ils permettent à la personne moyenne d'acheter des actions de diverses sociétés à un faible coût, puis d'obtenir des rendements décents sur une longue période.

Si vous ouvrez un compte de retraite à un jeune âge et déposez régulièrement un certain montant de vos économies, vous avez la possibilité de gagner des centaines de milliers, voire des millions, lorsque vous atteindrez l'âge de la retraite. Bien entendu, cela dépend en grande partie du montant que vous investissez et de la performance du marché. Si vous achetez des actions d'une société particulière, vous avez beaucoup plus de chances de voir des gains positifs sur une période de 40 ans que sur une période d'un ou deux ans. Une fois que vous avez ouvert un compte d'investissement passif, quel qu'il soit, mettez de côté une certaine somme d'argent provenant de vos revenus pour la déposer chaque mois. Ne prévoyez pas de le retirer avant votre retraite, sauf en cas d'urgence majeure.

L'objectif de la diversification d'un fonds indiciel est de faire en sorte que le large éventail de titres imite un certain "indice", qui peut être l'ensemble du marché boursier ou une partie de celui-ci. Le fonds suivra alors la performance de l'indice. Il existe un fonds indiciel pour presque tous les marchés financiers du monde. Aux États-Unis, il existe plusieurs indices, dont le plus populaire est le S&P 500. Parmi les autres grands indices, citons le Dow Jones Industrial Average, le Nasdaq Composite, le Barclays et le Willshire 5,000 Total Market Index, entre autres. Un fonds indiciel qui suit le Dow Jones investira dans les mêmes sociétés que celles qui composent cet indice particulier. L'indice peut être pondéré, ce qui signifie qu'un pourcentage plus élevé des fonds sera orienté vers certains titres plutôt que d'autres. Un gestionnaire de portefeuille peut aider à restructurer et à rééquilibrer ces pourcentages de temps à autre.

Catégories de fonds indiciels L'un des grands avantages des fonds indiciels est qu'ils n'entrent pas tous dans une seule catégorie. Il existe différents types de ces fonds qui peuvent convenir à tous les goûts. Le premier fonds indiciel a été créé en 1976, et il est devenu plus complexe et varié depuis. Ces différents types de fonds indiciels donnent accès à d'autres marchés, secteurs et styles d'investissement.

Marché large :

Ce type d'indice tente de capturer une grande partie du marché pour y investir. Ces investissements comprennent les actions, les obligations et tout autre type de titres. Les indices du marché large ont des ratios de dépenses très bas, et avec la faible rotation des titres, ils offrent une grande efficacité fiscale. Ce fonds vous donnera le panier de titres le plus diversifié. Si vous décidez d'investir dans le marché large, faites attention à la détention d'autres indices. Vous pourriez avoir un certain chevauchement de titres.

International : Les fonds indiciels internationaux peuvent vous offrir une exposition extérieure importante. De nombreux indices du marché large se concentrent sur les sociétés américaines. Avec l'indice international, vous pouvez profiter des entreprises d'Europe, d'Afrique, d'Asie, d'Australie et d'Océanie. Le seul endroit qui n'est pas sur le marché est l'Antarctique. Ces types de fonds ne sont pas toujours liés à des régions particulières comme le Moyen-Orient ou l'Amérique centrale.

Obligations à terme :

Ces fonds conviennent aux investisseurs à échéance fixe. Une bonne combinaison d'obligations à court, moyen et long terme peut fournir un revenu stable pendant de nombreuses années.

Obligations municipales :

Ces obligations ne paient pas d'impôts fédéraux et sont souvent exemptes d'impôts d'État et locaux. Ce dernier point n'est vrai que lorsque l'obligation est émise dans l'État où vit l'investisseur. Si vous vivez dans un État où les impôts locaux et d'État sont élevés, envisagez de ne rechercher ces types d'obligations que dans votre région spécifique. Vous éviterez ainsi que des impôts importants soient prélevés sur vous.

Basé sur les bénéfices :

Il existe deux types d'indices dans cette section : les indices de croissance et les indices de valeur. Les indices de croissance sont composés d'entreprises dont on s'attend à ce que les bénéfices augmentent plus rapidement que l'ensemble du marché. Les indices de valeur sont constitués d'actions dont le prix est bas par rapport aux bénéfices de l'entreprise. Les actions de croissance sont beaucoup plus volatiles que les actions de valeur, de sorte qu'elles montent rapidement lorsque le marché est en hausse et baissent rapidement lorsque le marché est en baisse. Comme les prix des actions de valeur sont déjà bas, elles ne baissent pas beaucoup lorsque le marché est en baisse. En outre, elles sont à la traîne par rapport à l'ensemble du marché lorsqu'il monte.

Les secteurs :

Vous pouvez choisir d'investir dans des secteurs spécifiques du marché, comme l'immobilier. Les secteurs peuvent être larges, comme la technologie, ou très spécifiques, comme l'informatique dématérialisée. De nombreux investisseurs souhaitent s'exposer à un secteur particulier, mais ne savent pas lequel choisir. Ils peuvent ainsi investir dans un fonds sectoriel et laisser le marché déterminer quelle entreprise sera bonne à parier.

Comme vous pouvez le constater, les fonds indiciels vous offrent un large éventail d'options. Bien que des indices particuliers vous limitent une fois que vous vous engagez, vous pouvez toujours choisir parmi une grande variété avant de vous lancer. Vous pouvez également détenir plusieurs indices en même temps, en évitant simplement le chevauchement de titres spécifiques.

Axé sur les dividendes :

Un dividende est une somme d'argent qui est versée régulièrement, et généralement sur une base trimestrielle. Il en existe deux types : la croissance et le rendement. Les indices de croissance des dividendes comprennent les sociétés qui augmentent régulièrement leurs dividendes et qui ont le potentiel de continuer à le faire dans les pratiques futures. Les indices de rendement de dividendes sont ceux qui comportent des actions à haut rendement de dividendes. Ces fonds indiciels sont parfaits pour les investisseurs qui recherchent un revenu constant de leurs placements.

Les FNB et les fonds communs de placement De nombreuses personnes confondent les fonds négociés en bourse (FNB) et les fonds communs de placement, car ils ont beaucoup en commun. Ils offrent tous deux un mélange de fonds provenant de nombreux actifs différents. Ils constituent un excellent moyen pour les gens de diversifier leurs portefeuilles. Ce sont tous deux de bonnes options pour des investissements plus sûrs que de tenter de choisir soi-même des titres individuels.

Les fonds communs de placement sont en fait gérés activement par un gestionnaire de fonds qui prend des décisions cruciales sur la façon d'allouer des actifs spécifiques. Les fonds communs de placement ne peuvent être achetés qu'à la fin d'une journée de négociation. Dans l'ensemble, les fonds communs de placement essaient de battre le marché et de créer plus de fonds à court terme pour l'investisseur. Ils demeurent toutefois de bonnes options de placement à long terme en raison de leur diversité. Si vous investissez régulièrement dans un fonds commun de placement et que celui-ci se comporte bien au fil du temps, vous pouvez avoir plus qu'assez d'argent pour prendre votre retraite.

Les FNB correspondent davantage à ce dont nous parlons ici. Ce sont des fonds gérés passivement qui suivent généralement un indice de marché spécifique. Par conséquent, les EFT ont des frais moins élevés et sont moins risqués que les fonds communs de placement. Cependant, le potentiel de profit élevé est moins probable. Avec les fonds EFT, les actions peuvent être négociées tout au long de la journée. Le risque de gains en capital étant plus faible, ils présentent également un avantage fiscal important par rapport aux fonds communs de placement. Enfin, les fonds EFT sont plus faciles d'accès car ils nécessitent moins de capital qu'un fonds commun de placement. En général, vous pouvez y entrer pour aussi peu que le prix d'une action.

Métaux précieux Les métaux précieux sont des métaux rares que l'on trouve naturellement dans la terre et qui ont une grande valeur. Les sociétés du monde entier les apprécient davantage, et les particuliers sont prêts à donner plus d'argent qu'ils ne le feraient pour un métal de base. En raison de leurs propriétés, les métaux précieux sont plus utiles en termes de produits qui peuvent être créés à partir d'eux, comme les bijoux et l'art.

Comme ces métaux précieux conservent une grande valeur, ils constituent une excellente option d'investissement pour une croissance passive à long terme. Les métaux précieux dont nous parlons ici sont le palladium, le platine, l'or et l'argent. Certaines personnes détiennent ces métaux sous forme physique, comme des barres d'or et d'argent, ou divers objets personnels fabriqués à partir de ces métaux. Vous pouvez choisir de suivre cette voie et de les garder sous clé dans un coffre-fort ou une boîte à clé pour plus de sécurité. Une autre option est d'avoir un compte d'investissement passif dans les métaux précieux. Cela signifie que vous pouvez créer quelque chose comme un IRA dédié aux métaux précieux et lui permettre de croître passivement au fil du temps. Tout comme les autres fonds d'investissement passif, ces comptes seront gérés par un expert en la matière, ce qui implique un certain nombre de frais pour couvrir ces coûts.

L'avantage des métaux précieux est qu'ils sont très appréciés à l'échelle mondiale et ne sont pas affectés par la valeur des devises des différents pays. Détenir des investissements dans des choses comme l'or et l'argent peut aider à compenser les pertes subies par d'autres investissements. Par exemple, l'inflation fera baisser la valeur du dollar, mais l'or et les autres métaux précieux continueront à augmenter. C'est un excellent moyen de se couvrir contre une multitude d'investissements.

Les comptes d'investissement en métaux précieux peuvent être achetés auprès de diverses sociétés de courtage spécialisées dans ces options. Recherchez celles qui sont les mieux notées et discutez des différentes options avec un expert.

Marché baissier et marché haussier Lorsque vous investissez, vous entendez constamment les termes marché baissier et marché haussier. Nous souhaitons clarifier ces termes pour vous. Ces termes sont utilisés pour décrire les conditions du marché, qui seront une force majeure déterminant la valeur de votre portefeuille. Les marchés baissiers et haussiers peuvent également désigner l'attitude des investisseurs, car ce sont eux qui déterminent le marché en fonction de leurs actions.

Un marché baissier est un marché qui est activement en baisse. En général, une baisse de 20 % ou plus dénote une situation de marché baissier. Les cours des actions poursuivent leur tendance à la baisse et les investisseurs pensent qu'ils vont continuer à baisser. Pendant cette tendance, l'économie ralentit et les entreprises peuvent commencer à licencier des employés. Pensez à un ours. Lorsqu'un ours se tient debout avec ses pattes, il descend pour attaquer ou poursuivre sa proie. C'est pourquoi l'ours symbolise un marché descendant.

Un marché haussier, par contre, c'est lorsque le marché est

ascendant. Les cornes du taureau montent. Pendant cette période, les prix sont en hausse constante et les investisseurs pensent que la tendance va continuer à s'accentuer. Pendant un marché haussier, l'économie est en hausse et les niveaux d'emploi sont élevés.

Un marché baissier ou haussier est généralement déterminé par l'activité à long terme. Les fluctuations à court terme, à la hausse ou à la baisse, sont davantage liées à un événement particulier et ne signifient pas une quelconque tendance. Les marchés peuvent également connaître une série de mouvements à la hausse et à la baisse lorsqu'ils tentent de trouver une direction. Dans ces cas, on ne peut pas toujours déterminer s'il s'agit d'un marché baissier ou haussier.

Les marchés baissiers et haussiers ont tous deux un effet et influenceront vos investissements de manière majeure. Pendant un marché haussier, vous pouvez acheter plus de titres car leur prix augmente. Pendant un marché baissier, les investisseurs vendent généralement leurs actifs à découvert, car ils s'attendent à des pertes importantes en restant sur le marché. Certains investisseurs continueront à conserver un titre parce qu'ils s'attendent à un gain à l'avenir. Cependant, ils perdront probablement de l'argent sur un marché baissier avant de regagner de l'argent. Il peut être risqué d'agir ainsi.

Il existe plusieurs facteurs à prendre en compte pour déterminer la direction d'un marché. Vous pouvez les évaluer afin de décider si vous vous trouvez dans un marché baissier ou haussier. N'oubliez jamais que cela peut être difficile à déterminer, même pour les investisseurs chevronnés.

- Pendant un marché haussier, on observe une forte demande de titres, mais une faible offre. De nombreux investisseurs sont prêts à acheter des titres, mais très peu sont prêts à les vendre. Cela signifie que la valeur des investissements est en hausse et que les gens ne sont pas prêts à les céder. Le prix des actions continuera à augmenter car les investisseurs se disputeront les actions disponibles ou les liquidités potentielles. Pendant un marché baissier, les personnes qui cherchent à vendre sont plus nombreuses que celles qui cherchent à acheter. Le prix des actions chute de manière significative car la demande est inférieure à l'offre.

- La psychologie et le sentiment des investisseurs concernant les conditions du marché détermineront également s'il y a une hausse ou une baisse. Pendant un marché haussier, les investisseurs ont de grands espoirs et sont prêts à participer dans l'espoir de faire des bénéfices. Pendant un marché baissier, le sentiment est faible et les investisseurs commencent à retirer leur argent des fonds actifs pour le placer dans des titres à revenu fixe. La baisse du cours des actions sur le marché boursier ébranlera la confiance des investisseurs, et ils conserveront leur argent jusqu'à ce qu'ils commencent à voir des mouvements positifs.

- Le marché boursier et l'économie sont fortement liés. Lorsque les entreprises souffrent, les gens dépensent moins, et le cours des actions baisse. Lorsque les entreprises se portent bien, les gens dépensent davantage, ce qui fait monter le cours des actions.

Tenez compte de ces différents facteurs lorsque vous essayez de déterminer s'il s'agit d'un marché baissier ou haussier. Pour tirer parti des deux tendances du marché, les fonds d'investissement passifs sont une voie sûre et fiable à suivre. Ils offriront toujours moins de volatilité pendant les marchés imprévisibles, et le taux de réussite à long terme sera élevé.

Actions, obligations et liquidités Tout au long du processus d'investissement, vous rencontrerez un nouveau jargon. Lorsque vous rencontrez des mots et des phrases que vous ne reconnaissez pas, il est important de les vérifier pour éviter toute confusion. Une simple recherche sur Google suffit généralement. Si vous parlez à un conseiller financier et qu'il utilise un langage que vous ne comprenez pas, demandez-lui de clarifier les choses. Tout bon conseiller financier le fera sans hésiter. Nous allons passer en revue quelques expressions courantes que vous entendrez lorsque vous commencerez à investir dans des fonds passifs.

Actions :

Il s'agit d'une forme d'investissement qui permet de détenir une part de propriété d'une entreprise particulière. Par exemple, si vous avez des actions investies dans Coca Cola, vous êtes partiellement propriétaire de cette société. On vous appelle un actionnaire parce que vous partagez les bénéfices de l'entreprise. Vous pouvez également être en mesure de prendre des décisions concernant l'avenir de l'entreprise. Les investisseurs peuvent acheter des actions afin de faire fructifier leur argent. Lorsque la valeur d'une action donnée augmente, les personnes qui ont investi dans cette action participent aux bénéfices. Si vous avez acheté dix actions au prix de 15 dollars l'unité, votre investissement initial était de 150 dollars. Si le prix de l'action passe à 20 dollars, votre investissement vaut maintenant 200 dollars, ce qui vous donne 50 dollars de bénéfices. Bien sûr, le prix des actions peut aussi baisser, ce qui fait perdre de l'argent à l'actionnaire. Les actions peuvent être achetées individuellement à la bourse, ou dans le cadre d'un fonds, comme un indice ou un ETF.

Les obligations :

Les obligations sont souvent appelées titres à revenu fixe. Lorsque les gouvernements ou les sociétés privées ont besoin d'argent pour divers projets, pour poursuivre leurs activités courantes ou pour refinancer leur dette, ils émettent des obligations à leurs investisseurs. Ces obligations sont essentiellement des prêts avec des paiements d'intérêts qui seront effectués. Cela signifie que lorsque vous achetez des obligations, vous récupérez non seulement ce que vous avez investi, mais aussi les intérêts perçus sur ces obligations. Une fois qu'un investisseur a acheté une obligation, il n'est pas obligé d'attendre la date du titre pour la vendre. Il peut les vendre à tout moment pour réaliser des bénéfices. Les obligations sont beaucoup plus sûres que les actions car vous ne perdrez pas d'argent. Cela signifie également que vous n'avez pas le même potentiel de rendement. La plupart des fonds et des modèles de portefeuille sont un mélange d'actions et d'obligations. Les portefeuilles à risque plus élevé comportent plus d'actions que d'obligations.

Actifs liquides :

Il s'agit d'un type d'actif qui peut facilement être converti en espèces. Par exemple, les comptes d'épargne ou de chèques ordinaires sont considérés comme liquides parce que vous pouvez en retirer immédiatement de l'argent. Les biens immobiliers, l'or, l'argent et les divers portefeuilles d'investissement ne sont pas considérés comme des actifs liquides, car ils ne peuvent pas être rapidement convertis en espèces ayant cours légal. Les actifs liquides sont très importants pour les entreprises et les investisseurs individuels car ils constituent la première source de liquidités utilisée pour les transactions et obligations financières.

Il y a beaucoup d'autres termes financiers qui apparaîtront au fur et à mesure. C'est vraiment une langue à part entière.

Engager un planificateur financier À moins de travailler dans le secteur financier, il peut être difficile de prendre le temps de s'occuper de ses propres finances. En outre, l'accès à différents types d'investissements et de stratégies peut être source de confusion. La plupart des gens ne sont pas des experts financiers et n'ont pas le temps de le devenir. C'est pourquoi les conseillers financiers existent. Les conseillers financiers sont des experts dans leur domaine qui aident les gens à résoudre les problèmes liés à la gestion du patrimoine et aux finances personnelles. Ils peuvent élaborer pour vous un plan d'épargne et un portefeuille d'investissement complets.

Si vous avez besoin d'une aide supplémentaire et que vos finances vous dépassent, un planificateur pourrait vous convenir. Il existe de nombreux experts de qualité, alors faites vos recherches. Faites cependant preuve d'une grande prudence. Le conseil financier est un domaine largement non réglementé. Cela signifie que presque tout le monde peut accrocher une pancarte sur sa porte et s'appeler conseiller financier. Recherchez des personnes ayant des références dans le secteur, comme une licence de planificateur financier agréé. Renseignez-vous également et obtenez des avis sur certaines personnes. Ne suivez pas aveuglément quelqu'un sous prétexte qu'il est un expert. N'oubliez pas qu'un planificateur financier coûte aussi de l'argent. Trouvez la meilleure personne possible pour vos besoins particuliers. Voici quelques questions à poser avant d'engager quelqu'un.

- Avez-vous de l'expérience avec des clients comme moi ?
- Combien allez-vous facturer ? Allez-vous gagner de l'argent avec les placements que je choisis ?
- À quelle fréquence nous rencontrerons-nous pour discuter de nos plans financiers ?
- Y a-t-il des limites à la fréquence à laquelle je peux vous contacter ?

N'oubliez pas qu'avec les technologies et les méthodes de communication avancées, vous pouvez contacter un planificateur financier de plusieurs façons. Vous n'êtes même pas obligé de travailler avec quelqu'un de votre région. Assurez-vous simplement qu'il est facilement accessible par d'autres moyens. Assurez-vous que le recours à un planificateur financier en vaudra la peine et attendez-vous à avoir une relation à long terme. De nombreux planificateurs financiers proposent des consultations gratuites. Profitez-en et rencontrez même plusieurs personnes avant de prendre une décision. C'est votre droit car il s'agit de votre argent.

L'objectif de ce chapitre était de vous présenter l'une des méthodes les plus sûres pour entrer dans le monde financier.

Les fonds d'investissement passifs sont un pari stable si vous souhaitez une croissance à long terme de votre argent qu'un compte d'épargne ou un compte chèque ordinaire ne pourra vous procurer. Le risque n'est certainement pas nul ; cependant, le risque de perdre de grosses sommes d'argent ou de faire faillite est assez faible, surtout par rapport à des fonds gérés plus activement.

4

Apprendre à épargner

Nous reviendrons sur l'idée d'épargne dans ce chapitre, ce qui peut sembler contraire à l'investissement. Cependant, pour investir, il faut disposer d'un capital suffisant pour le faire. Il existe de nombreux gourous de la finance qui prônent la philosophie consistant à "utiliser l'argent des autres" pour investir. Nous ne donnons pas notre avis sur cette philosophie. Nous n'en parlerons tout simplement pas ici. Dans ce chapitre, nous détaillerons les méthodes traditionnelles pour économiser de l'argent afin d'en avoir suffisamment pour investir dans des fonds d'investissement passifs et autres opportunités d'investissement.

L'un des objectifs de ce livre est de faire de notre mieux pour nous assurer que vous ne vous ruinez pas. C'est pourquoi nous avons passé en revue des méthodes d'investissement sûres et fiables. Épargner correctement est une autre philosophie simple ; cependant, il n'est pas facile pour les gens de le faire.

Nous allons passer en revue les différentes façons d'économiser de l'argent afin que vous puissiez vous sentir financièrement à l'aise dans tous les domaines.

Établir un budget C'est l'un des principes les plus fondamentaux en matière d'épargne. Nous entendons toujours parler du mot budget. Il s'agit ici de classer vos revenus et vos dépenses de manière à dépenser beaucoup moins que ce que vous gagnez. Il s'agit certainement d'un concept fondamental, mais une fois que vous entrez dans le monde réel et que vous commencez à traiter des chiffres réels, cela peut devenir assez compliqué, surtout lorsque vous commencez à faire face à des dépenses imprévues.

La première technique dont vous devez prendre l'habitude est le "PYF". N'importe quel cours de base en finance ou en économie vous enseignera ce concept. Cela signifie qu'il faut se payer en premier. Lorsque les gens reçoivent leurs revenus, que ce soit par chèque ou autre, ils ont tendance à se payer en dernier. Cela signifie qu'ils paient leurs factures et leurs dettes, achètent des produits d'épicerie et autres produits de première nécessité, sortent se divertir et achètent des cadeaux pour les autres avant de mettre quelque chose de côté pour eux-mêmes. Si elles ont de la chance, il leur restera de l'argent à mettre de côté. Vous devez inverser les choses. Payez-vous d'abord en mettant de côté un petit pourcentage de votre revenu dans une épargne avant de dépenser de l'argent pour autre chose. Dix pour cent est un bon chiffre à atteindre.

Disons que vous recevez 1000 $ par semaine. Avant de faire quoi que ce soit d'autre, mettez 100 dollars de côté et placez-les sur un compte d'épargne quelconque. Vous vous êtes déjà empêché de dépenser tout ce que vous gagnez. Maintenant, vous pouvez utiliser les 900 dollars restants et les répartir de manière appropriée entre toutes vos dépenses. Ce qu'il vous reste des 900 dollars doit également être placé sur votre compte d'épargne. Si vous pouvez vous permettre de vous verser plus de 10 %, faites-le. Une fois que vous aurez constitué un compte d'épargne stable, vous pourrez commencer à transférer l'argent dans un fonds de placement électronique ou un fonds indiciel.

En fin de compte, peu importe combien vous gagnez, ce qui compte c'est combien vous gardez. Il existe d'innombrables histoires d'athlètes et d'acteurs millionnaires qui ont dépensé tout leur argent et se sont retrouvés sans le sou. Ces personnes n'ont pas compris les concepts de base de la gestion de l'argent. Examinez vos propres finances et déterminez dès maintenant comment vous pouvez les gérer. C'est peut-être plus facile que vous ne le pensez. Suivez les étapes suivantes pour mettre en place un plan budgétaire solide.

- Pour commencer, calculez vos dépenses. Il peut être plus facile de calculer les dépenses mensuelles car la plupart des factures sont dues une fois par mois. Cependant, vous pouvez les décomposer davantage en dépenses hebdomadaires et quotidiennes. Vous pouvez également additionner toutes vos dépenses sur une période de six à douze mois, puis les diviser pour obtenir un décompte mensuel moyen. Soyez aussi minutieux que possible et assurez-vous de n'oublier aucune facture. Cela pourrait bouleverser votre plan budgétaire. Pour vous donner une marge de manœuvre supplémentaire en cas de dépenses inconnues ou imprévues, vous pouvez ajouter 10 ou 15 % à votre chiffre de dépenses final. Par exemple, si vous déterminez que vos dépenses mensuelles totales s'élèvent à 2 000 $, ajoutez 200 $ de plus, ce qui donne un total de 2 200 $.

- Maintenant que nous avons calculé nos dépenses, il est temps d'additionner nos revenus. Il s'agit de tout ce que vous gagnez chaque mois, comme votre salaire, vos revenus d'investissement, une pension alimentaire, des cadeaux en espèces ou de l'argent provenant d'activités parallèles, etc. Là encore, vous pouvez additionner les revenus sur six à douze mois, puis les diviser pour obtenir une moyenne mensuelle. Nous vous conseillons également de soustraire 10 % de vos revenus du total, afin que cet argent soit mis de côté dès le départ et ne soit pas calculé dans votre budget. Ainsi, si votre revenu mensuel est de 3 000 dollars, soustrayez-en 300 dollars, ce qui donne un total de 2 700 dollars. Ce sera le chiffre final avec lequel vous travaillerez pour établir votre budget.

- Soustrayez vos dépenses de vos revenus pour déterminer

si votre budget est insuffisant ou excédentaire. Si nous utilisons les chiffres ci-dessus, nous aurons un excédent, ce qui est une bonne chose. Vous devriez toujours gagner plus que ce que vous dépensez. Si vous êtes en déficit, déterminez quelles dépenses vous pouvez supprimer ou comment vous pouvez augmenter vos revenus. Achetez-vous une tasse de café à cinq dollars tous les matins ? Cela représente 150 dollars par mois. Il faudra peut-être supprimer cette dépense ou du moins la réduire.

- Une fois que vous avez un excédent confortable chaque mois, commencez à vous fixer des objectifs d'épargne et de remboursement de vos dettes personnelles. Les économies s'ajoutent aux 10 % que vous avez déjà mis de côté en vous payant d'abord.

- Restez maître de vos finances en tenant un registre de vos dépenses et de vos revenus. Il existe de nombreuses feuilles de calcul et applications de budgétisation en ligne que vous pouvez utiliser. Vous pouvez aussi utiliser la bonne vieille méthode du papier et du crayon, si c'est ce que vous préférez. Quoi qu'il en soit, faites preuve de diligence dans le suivi de votre argent.

- Respectez votre budget autant que possible. Vous l'enfreignez de temps en temps, ce qui n'est pas grave. Assurez-vous que cela ne devienne pas une pratique courante et remettez-vous sur la bonne voie dès que possible.

Lorsque vous créez un budget solide et que vous le respectez, vous verrez votre compte d'épargne augmenter de manière significative. Ces économies peuvent être utilisées pour des investissements ultérieurs, ce qui vous permettra d'augmenter vos revenus à long terme. Commencez à établir votre budget dès aujourd'hui.

Garder son argent en sécurité Vous avez peut-être entendu parler de plusieurs méthodes pour garder votre argent en sécurité. Comme pour les placements, il est préférable de répartir votre argent sur plusieurs comptes. Par exemple, vous pouvez ouvrir un compte d'épargne strictement réservé à l'argent que vous épargnez et auquel vous ne touchez jamais. Vous pouvez également ouvrir plusieurs autres comptes simultanément pour différentes raisons. Un compte courant peut être utilisé pour effectuer des paiements sur des articles personnels et des factures, tandis qu'un autre compte courant peut être ouvert pour les dépenses professionnelles, comme les articles liés au travail, les uniformes, les fournitures de bureau, etc. Si vous êtes propriétaire d'une entreprise, il est conseillé de créer un compte de dépenses distinct uniquement pour les dépenses professionnelles.

Vous pouvez également garder une certaine quantité d'argent liquide à la maison pour vous aider à couvrir les dépenses d'urgence lorsqu'il n'est pas possible d'utiliser une carte de crédit ou un chèque. Vous trouverez ci-dessous comment répartir votre argent pour éviter de le placer sur un seul compte. Notre montant total de liquidités sera de 10 000 $.

- Compte d'épargne ordinaire : 2 000 $ - Compte d'épargne d'urgence : 2 000 $ - Compte de chèques : 3 000 $ - Compte d'affaires : 2 000 $ - Liquidités à la maison : 1 000 $ Ceci n'est qu'un exemple, et vous pouvez certainement établir vos propres comptes, comme bon vous semble. Au fur et à mesure que vos revenus augmentent, vous pouvez continuer à les répartir sur ces comptes comme bon vous semble. Nous allons maintenant passer en revue certains comptes bancaires spécifiques que vous pouvez ouvrir pour vous aider à garder votre argent en sécurité. Vous pouvez ouvrir plusieurs de ces comptes et répartir vos fonds sur chacun d'entre eux. Vous pouvez même avoir des comptes dans plusieurs banques si vous pensez que cela vous aidera. Pour de nombreuses personnes, il est plus facile d'économiser de l'argent s'il ne se trouve pas à un seul endroit, alors pensez à diversifier vos fonds.

Comptes de chèques ordinaires :

Il s'agit d'un compte très basique dans une banque où vous pouvez déposer de l'argent et le retirer comme vous le souhaitez en utilisant des chèques, des cartes de débit ou un guichet automatique. Il existe plusieurs promotions et taux d'intérêt qui peuvent vous être favorables lorsque vous ouvrez ce compte de base, alors cherchez à obtenir la meilleure offre pour vous. Ce type de compte est celui que les gens utilisent le plus souvent pour payer leurs factures. Le mieux est d'opter pour un compte à haut rendement afin d'obtenir des intérêts supplémentaires pendant que votre argent reste sur le compte.

Comptes de chèques de dividendes :

Ces types de comptes spécialisés sont également appelés comptes chèques à intérêts car ils offrent des taux d'intérêt plus élevés. Il s'agit en fait d'une combinaison de comptes chèques et de comptes d'épargne. Ils offrent un taux d'intérêt plus élevé comme un compte d'épargne tout en vous permettant de retirer des fonds comme un compte chèque sans aucune pénalité. Avec ces types de comptes, vous devez maintenir un solde minimum fixé par l'institution. Veillez à ce qu'il ne descende pas en dessous de ce niveau, sinon vous ne pourrez pas profiter des taux d'intérêt, et vous encourrez des pénalités. Les taux d'intérêt dépendent de ce qui est fixé par le gouvernement fédéral. Vous pouvez évaluer ces frais et déterminer quand il est préférable d'ouvrir ce type de compte.

Compte d'épargne :

Un compte d'épargne ordinaire est un compte qui encourage les gens à accumuler le patrimoine qu'ils gagnent. Il décourage souvent les retraits sous forme de pénalités. Un compte d'épargne est un bon endroit pour stocker de l'argent en cas d'urgence ou pour le conserver jusqu'à ce que vous souhaitiez le transférer à quelqu'un d'autre. Quoi qu'il en soit, il ne doit pas être considéré de la même manière qu'un compte chèque. Ils offrent des taux d'intérêt plus élevés, ce qui vous incite à épargner davantage.

Ces types de comptes ne sont généralement pas utilisés pour payer les factures. Utilisez toujours votre compte courant pour ces activités. Vous pouvez être en mesure de transférer de l'argent entre les comptes d'une même institution sans pénalité. Parfois, les transferts sont illimités, alors que d'autres fois, ils ne peuvent être effectués qu'un certain nombre de fois par mois. Discutez des conditions avec votre institution bancaire.

Lorsque vous ouvrez un compte d'épargne, recherchez les critères suivants :

- Accès facile aux fonds - Accès en ligne - Convivialité avec les téléphones portables - Compte du marché monétaire assuré par les dépôts fédéraux :

Ces types de comptes versent des intérêts basés sur les taux actuels des marchés monétaires d'un pays donné. Si les taux d'intérêt de votre pays sont élevés, ces comptes seront avantageux. Ils ne conviennent pas si vous avez des problèmes d'argent, car les taux d'intérêt seront plus erratiques. Dans la plupart des cas, lorsque le marché est bon, vous obtiendrez un taux d'intérêt plus élevé qu'un compte d'épargne ordinaire. Ces comptes sont assurés par la FDIC, de sorte que la banque est toujours responsable des fonds perdus.

Les comptes du marché monétaire comportent moins de restrictions que les comptes d'épargne ordinaires, tant pour le client que pour la banque. Les institutions auront plus de liberté dans la façon dont elles peuvent utiliser les fonds pour leurs portefeuilles. N'oubliez pas, cependant, que les banques restent responsables. Ces comptes exigent également un solde minimum plus élevé. Veillez donc à toujours disposer des fonds nécessaires pour éviter des pénalités importantes.

Certificat de dépôt :

Il s'agit d'une catégorie très spécialisée de comptes d'épargne qui ne sont proposés que par certaines institutions. Il existe de nombreux types de comptes de certificat de dépôt

(CD), alors discutez avec votre institution financière pour déterminer celui qui vous convient le mieux. Ces comptes sont parfaits pour les personnes qui ont un plan d'épargne à long terme, car ils ont le potentiel de rapporter des taux d'intérêt beaucoup plus élevés. Vous pouvez utiliser ces comptes pour vous constituer un patrimoine supplémentaire jusqu'à la retraite ou pour épargner en vue de dépenses importantes comme l'achat d'une maison. Vous pouvez également obtenir des CD sans pénalité.

Plan 529 :

Il s'agit spécifiquement d'un plan d'épargne-études qui offre une aide financière et des avantages fiscaux. Tous les États offrent un type de plan de ce type, mais il n'est pas nécessaire d'être résident d'un État pour bénéficier de son plan 529 particulier. N'importe qui peut verser de l'argent dans ce plan. Il n'est pas nécessaire que ce soit la personne qui l'ait ouvert. Vous pouvez commencer très tôt, et lorsque votre enfant sera prêt pour l'école, vous disposerez d'une immense épargne. Lorsque vous ouvrez ce type de compte, tenez compte de quelques éléments :

- Cela peut affecter les chances d'obtenir un prêt basé sur les besoins. Toutefois, si vous prévoyez d'avoir suffisamment d'argent sur le compte pour couvrir les frais d'études, cela ne devrait pas avoir d'importance.

- Les fonds de ces comptes ne peuvent souvent être retirés que s'ils sont utilisés pour un établissement d'enseignement. Si votre enfant décide de ne pas aller à l'université, une grande partie de ces fonds peut être perdue.

IRA : Un IRA, ou compte de retraite individuel, est simplement un endroit où vous pouvez cacher de l'argent pour la retraite. Le solde de votre compte n'est pas imposé jusqu'à ce que vous retiriez effectivement de l'argent. Cela vous permet de faire fructifier votre compte avec des intérêts supplémentaires sans avoir à vous soucier de leur imposition. Placez tous les fonds que vous pouvez dans un IRA et regardez votre compte de retraite se développer au fil des ans. Vous pouvez faire en sorte qu'un certain montant de votre compte courant soit transféré vers un IRA chaque mois. Un IRA n'est pas un compte bancaire ordinaire que vous pouvez ouvrir n'importe où. Vous devrez passer par une société d'investissement ou une banque qui le propose.

De l'argent liquide à la maison :

Regardons les choses en face. Notre société est de plus en plus dépourvue d'espèces au fil du temps. Il est facile de payer à peu près tout en ligne, par le biais d'une carte de crédit et de nombreuses autres options bancaires mobiles. Vous pouvez littéralement toucher votre smartwatch sur un scanner et avoir instantanément votre transaction effectuée. Alors pourquoi avoir besoin d'avoir de l'argent liquide sur soi ?

Eh bien, il y a encore quelques options qui peuvent nécessiter l'utilisation d'argent liquide. De nombreuses personnes fortunées paient tout en espèces car il leur est plus facile de suivre leurs dépenses. Pensez également à ce qui se passerait en cas de panne du réseau électrique. Nous n'aimons pas nous laisser emporter par le catastrophisme, mais cela peut arriver.

Il est important de disposer d'un peu d'argent liquide au cas où cela se produirait.

Lorsque les gens gardent de l'argent liquide chez eux, il se trouve dans divers endroits comme des portefeuilles, des tiroirs, des carnets de poche, sous le matelas ou des coffres-forts. La dernière option est la meilleure. S'il n'est pas grave d'avoir quelques dollars ici ou là dans un tiroir, toute somme importante d'argent liquide doit être conservée en sécurité pour éviter la perte ou le vol. À tout moment, votre maison peut être cambriolée ou subir une catastrophe naturelle qui entraîne la disparition de tout votre argent liquide. Vous pourriez facilement perdre des milliers de dollars si votre argent n'est pas en sécurité.

Bien que la majorité de vos fonds doivent être placés dans une institution financière quelconque, il est important d'avoir une certaine quantité d'argent liquide à la maison pour les urgences. Il est recommandé d'avoir suffisamment d'argent liquide en réserve pour au moins deux ou trois jours. Déterminez ce que cela représente pour vous en fonction de vos finances. N'oubliez pas que nous avons établi un budget plus tôt.

Pour les grosses sommes d'argent, il est préférable de les garder en sécurité dans un coffre-fort ou une boîte à clé ignifugés et étanches. Vous pouvez obtenir des coffres-forts de qualité à des prix raisonnables. Cela vaut la peine de savoir que votre argent est protégé contre toutes sortes de catastrophes. Achetez quelque chose qui ne ressemble pas à un coffre-fort ou à une boîte à clé. Cela créera une diversion pour toute personne qui pourrait le voir. Gardez-le également dans un endroit sûr où personne d'autre que vous ne sait où il se trouve. Vraiment, ne permettez à personne, à moins que ce ne soit quelqu'un en qui vous avez vraiment confiance, de savoir où se trouve ce coffre. Il peut être difficile de savoir qui est un voleur et qui ne l'est pas. Vous pouvez également acheter des coffres qui sont boulonnés au sol ou tout simplement très difficiles à déplacer. Faites de votre mieux pour éviter que votre argent ne se perde.

Différentes institutions financières :

Lorsque les gens pensent à déposer de l'argent, ils pensent aux banques. Ce sont certainement les types d'institutions financières les plus courants, surtout pour le grand public. Cependant, les banques ne sont pas votre seule option. Il existe plusieurs types d'institutions où votre argent peut être déposé, et nous allons en examiner quelques-unes.

Les coopératives de crédit :

Les produits et services que vous recevrez d'une banque et d'une coopérative de crédit sont assez similaires. Elles offrent toutes deux une variété de comptes de chèques et d'épargne, ainsi que des prêts et des comptes commerciaux. La principale différence est que les banques sont à but lucratif, tandis que les coopératives de crédit sont à but non lucratif. Cela peut présenter des avantages et des inconvénients lorsqu'on utilise une coopérative de crédit.

Comme les coopératives de crédit sont sans but lucratif, elles appartiennent aux clients. Une fois que vous avez rempli les conditions requises pour devenir membre, vous pouvez participer à cette propriété. Ces institutions revendiquent souvent un meilleur service à la clientèle, mais elles ne sont pas aussi pratiques que les grandes banques en raison de leurs emplacements limités. De nombreuses coopératives de crédit ne proposent pas non plus de services en ligne ou d'applications mobiles. Si vous souhaitez bénéficier d'un accès mondial de cette manière, il est probablement préférable d'opter pour les grandes banques.

Les taux d'intérêt et les frais sont des éléments à prendre en compte. Les coopératives de crédit offrent généralement des taux d'intérêt plus élevés pour divers comptes et des frais moins élevés pour les prêts. Si vous êtes d'accord avec l'accessibilité réduite des grandes banques, cette option peut être la bonne pour vous.

Les sociétés de courtage :

Les sociétés de courtage sont des établissements comme Charles Schwab ou Fidelity Investments. Il en existe des dizaines d'autres aux États-Unis. Ces types d'institutions s'occupent strictement des investissements et offrent une option différente pour divers fonds d'investissement en dehors d'une banque. Vous devrez toujours utiliser une banque ou une coopérative de crédit pour les comptes ordinaires. Les sociétés de courtage agissent essentiellement comme un intermédiaire entre les acheteurs et les vendeurs de divers investissements.

Les comptes de courtage à service complet offrent les

services d'un conseiller financier à plein temps qui surveillera tous vos investissements. Les sociétés de courtage à prix réduit sont généralement des plates-formes en ligne qui vous permettent d'effectuer vous-même tous vos placements. Leurs frais sont moins élevés, mais ils offrent beaucoup moins d'aide qu'une société à service complet.

Assurance L'une des plus grandes sécurités dont vous avez besoin pour protéger vos finances et empêcher l'épuisement de vos économies est de faire assurer vos objets de valeur. Cela inclut la santé, la vie, la voiture et la maison. L'assurance est l'une de ces dépenses que vous aurez régulièrement et dont vous n'aurez peut-être jamais besoin. Cependant, si vous en avez besoin, vous serez très heureux de l'avoir souscrite. De nombreuses personnes ont perdu leur gagne-pain et se sont même endettées parce qu'elles n'étaient pas correctement assurées.

L'assurance peut être très délicate, alors assurez-vous de trouver un bon agent qui pourra vous aider. Vous devez faire de votre mieux pour trouver de bonnes affaires en matière d'assurance ; cependant, il ne s'agit pas d'une dépense que vous voulez éviter complètement. Une bonne assurance peut vous sauver dans de nombreuses situations désastreuses. Nous allons détailler les polices d'assurance spécifiques que vous devriez avoir en place et pourquoi elles sont importantes.

L'assurance maladie :

Les frais médicaux sont extrêmement coûteux. Même les tests et les procédures de routine peuvent faire un énorme trou dans le portefeuille d'une personne. Statistiquement parlant, la plupart des familles sont à une urgence médicale près de la faillite. En réalité, il est difficile d'imaginer que quelqu'un ne soit pas financièrement ruiné par une maladie grave ou un accident s'il n'a pas d'assurance, à moins qu'il ne soit multimillionnaire. Il est important d'avoir une bonne assurance santé qui couvrira tous vos besoins tout en ayant le moins de frais possible à votre charge.

Malheureusement, les coûts de l'assurance maladie ne sont pas bon marché, et les prix ne sont pas près de baisser. Sachant qu'une seule nuit à l'hôpital peut coûter des milliers de dollars, même la police la plus minimale peut être bénéfique. Au moins, vous n'aurez pas à supporter tout le poids des frais médicaux et vous éviterez, espérons-le, la ruine financière. Si vous avez de la chance, votre assurance sera partiellement couverte par votre employeur. Sinon, vous devrez peut-être vous renseigner sur les régimes collectifs ou souscrire une assurance privée.

Assurance automobile :

La plupart d'entre nous ont besoin d'une voiture pour se déplacer. Il n'est pas toujours pratique de marcher partout ou de compter sur les transports en commun. Les voitures entraînent de nombreuses dépenses. L'une d'entre elles, dont vous ne pouvez pas vous passer, est l'assurance automobile. Tout d'abord, n'achetez pas une voiture que vous ne pouvez pas vous permettre, et ne prenez pas plus d'équipements que nécessaire. Plus la voiture a d'équipements, plus vos taux d'assurance seront élevés. Tenez compte de tous ces éléments.

L'assurance automobile vous protège contre les dommages, les blessures, le vol et la responsabilité. Si vous avez un accident et qu'il est déterminé que vous êtes responsable, vous avez intérêt à avoir une assurance pour vous couvrir. Sinon, vous devrez faire face à de lourdes poursuites judiciaires. Si votre voiture est endommagée, vous aurez des frais de réparation importants. Même les petites bosses peuvent coûter quelques centaines de dollars. De plus, il y a toujours un risque que votre voiture soit forcée ou volée. L'assurance automobile vous aidera à couvrir les objets perdus, y compris votre voiture. Une bonne assurance automobile peut également aider à couvrir les dommages causés par des blessures corporelles et la perte de salaire due à l'incapacité de travailler.

Même si rien ne se produit, si vous êtes arrêté et que vous n'avez pas d'assurance, vous devrez payer des amendes élevées. Ne prenez pas de risque. Si vous devez avoir une voiture, ne négligez pas l'assurance automobile. Elle vous permettra de faire des économies considérables à long terme.

L'assurance des propriétaires :

Posséder sa propre maison est un grand luxe. Vous pouvez l'aménager comme bon vous semble et la garnir de vos meubles, œuvres d'art ou objets préférés. Une maison est un endroit où vous vous rendez le soir et où vous vous sentez en sécurité. Une maison est votre château, alors pourquoi ne pas la protéger du mieux que vous pouvez. Nous ne parlons pas des systèmes de sécurité, qui sont également importants. Nous parlons de l'assurance des propriétaires. Si avoir sa propre maison est un luxe, l'assurance pour la protéger ne l'est pas. C'est une nécessité absolue, et si vous ne l'avez pas, vous le paierez cher.

Imaginez tout le travail que vous avez investi dans votre maison, puis imaginez la perdre en un instant. Pire encore, imaginez que vous ne puissiez pas reconstruire ou réclamer les pertes subies par votre maison ou vos biens personnels. C'est une réalité si vous n'avez pas d'assurance habitation. Lorsque vous achetez une maison, votre société de crédit hypothécaire exige que vous ayez ce type d'assurance. Si elle découvre que vous ne l'avez pas, vous serez pénalisé et la société de prêt hypothécaire vous fournira une assurance à un coût beaucoup plus élevé. Au moins, c'est mieux que de tout perdre.

Bien que diverses polices d'assurance puissent être adaptées à vos besoins spécifiques, il existe quelques éléments standard qui doivent être incorporés. Toutes les polices d'assurance devraient couvrir les éléments suivants, au minimum.

- Les dommages causés à l'intérieur ou à l'extérieur de votre maison par le vandalisme, les incendies, les ouragans et divers autres désastres doivent être couverts. Les dommages causés par des événements tels que les tremblements de terre ou les inondations peuvent nécessiter une couverture supplémentaire.

- Les articles personnels comme les vêtements, les bijoux, les appareils électroménagers ou les meubles doivent égalementment être couverts contre les dommages causés par une catastrophe naturelle.

- La responsabilité personnelle en cas de dommages ou de blessures sera couverte. Il s'agit de vous protéger contre les poursuites judiciaires si quelqu'un se blesse ou voit ses biens personnels endommagés sur votre propriété. Cela peut inclure les dommages causés par les animaux domestiques. Par exemple, si votre chien mord quelqu'un, l'assurance paiera ses frais médicaux. De nombreuses polices prévoient une couverture minimale de 100 000 $. La plupart des experts recommandent un minimum de 300 000 $ pour être en sécurité.

- Si votre maison est endommagée et inhabitable, l'assurance des propriétaires vous fournira une maison ou un hôtel temporaire jusqu'à ce que tout soit réparé. Si votre maison est endommagée de façon permanente, l'assurance remboursera le solde du prêt et vous remettra un chèque pour le montant que vous avez payé en fonction de la valeur originale de la maison lorsque vous l'avez achetée. Par exemple, si vous avez acheté une maison pour 200 000 $ et qu'il vous reste 150 000 $ sur le prêt, l'assurance remboursera le solde de 150 000 $ et vous fera un chèque de 50 000 $.

- L'assurance vous couvrira également en cas de vol.

Tenez compte du coût de l'assurance des propriétaires avant d'acheter un logement, quel qu'il soit. C'est quelque chose que vous ne pouvez pas vous permettre de ne pas avoir. Vous protégerez votre maison, vous-même et votre famille.

Assurance-vie :

Après notre décès, nos factures ne s'arrêtent pas immédiatement. Ce serait bien s'il en était ainsi, mais malheureusement, ce n'est pas le cas. Lorsqu'une personne décède, les personnes à sa charge peuvent être confrontées à de nombreuses difficultés en raison des frais funéraires, de la perte de salaire et de la perte d'assurance. Lorsqu'une personne est en deuil d'un être cher, la dernière chose dont elle devrait avoir à se soucier est d'ordre financier.

L'assurance vie est un moyen essentiel de s'assurer que vos proches sont pris en charge même si vous décédez. C'est extrêmement important si vous êtes le principal soutien de famille du ménage. Il existe différents niveaux de couverture, allant de 100 000 $ à des millions de dollars. Plus la couverture est élevée, plus vous paierez. Vous n'êtes pas obligé de faire en sorte que votre famille vive dans le luxe si vous décédez, mais vous devez vous assurer que leurs dépenses de base sont couvertes.

Lorsque vous déterminez votre couverture d'assurance-vie, calculez vos dépenses comme l'hypothèque, les prêts, les cartes de crédit, les services publics, les paiements de voiture, la nourriture et d'autres éléments divers. Au fur et à mesure que vous avancez dans la vie, mettez votre police à jour si nécessaire. Par exemple, si vous emménagez dans une nouvelle maison, ajustez le montant de la couverture de votre police pour tenir compte de votre nouveau versement hypothécaire. Votre famille devra faire face à certaines difficultés si vous décédez, mais faites de votre mieux pour réduire leur fardeau financier.

Assurance invalidité de longue durée :

Il s'agit d'un type d'assurance auquel beaucoup de personnes ne prêtent pas attention ou ne pensent pas avoir besoin. Selon la Social Security Administration, trois travailleurs sur dix subiront une blessure et deviendront invalides. Cela les rendra incapables de travailler, ce qui leur fera perdre leur salaire. Votre assurance maladie vous aidera à couvrir vos factures médicales, mais qu'en est-il de vos dépenses quotidiennes ? Avec un peu de chance, vous aurez économisé un joli pécule, mais même celui-ci finira par s'épuiser. Si vous pouvez éviter de puiser dans vos économies, pourquoi ne pas le faire ?

La couverture d'invalidité est essentielle pour s'assurer que vos dépenses quotidiennes sont couvertes au cas où vous ne pourriez pas travailler pendant des semaines, des mois, des années ou même de façon permanente. Il se peut que vous puissiez bénéficier d'une couverture d'invalidité à court et à long terme dans le cadre de votre travail. Si c'est le cas, c'est peut-être la meilleure option. Sinon, examinez les options privées. Lisez tous les petits caractères pour déterminer le montant de la couverture dont vous bénéficierez et la durée de celle-ci.

Ne considérez pas l'assurance comme une dépense supplémentaire. Voyez-la comme un investissement dans la protection de vos biens les plus importants. Une bonne couverture d'assurance vous évitera des difficultés financières extrêmes, des dettes et la faillite à long terme. Lorsque vous investissez de l'argent dans une assurance, vous économisez de l'argent en cas de catastrophe majeure. Recherchez un agent d'assurance de confiance et obtenez la meilleure offre possible pour vous. Une bonne assurance peut être coûteuse, mais elle vous apportera une grande tranquillité d'esprit.

Les mathématiques sont simples Pour la plupart des gens, l'investissement n'a pas été enseigné, mais l'idée d'économiser son argent l'a été. De nombreux gourous de la finance s'opposent à l'épargne, car votre argent reste là sans rien faire. D'autres diront que l'investissement est trop risqué et que vous devriez épargner la grande majorité de vos fonds. Nous sommes ici pour vous dire que vous pouvez faire les deux.

Vous n'êtes pas obligé de risquer tout votre argent dans des investissements, ni d'épargner tout votre argent sur un compte bancaire. Divisez-le en pourcentages. Par exemple, si vous épargnez environ 10 % de vos revenus, placez la moitié de cet argent sur divers comptes d'épargne ou comptes chèques, et investissez l'autre moitié. En outre, plus vous épargnez, plus vous aurez d'argent à investir. C'est un calcul simple. Vous aurez également une plus grande marge de manœuvre pour les risques, car vous aurez de l'argent supplémentaire au cas où les choses tourneraient mal. Apprenez à épargner vos revenus, puis développez l'état d'esprit dont vous avez besoin pour commencer à investir.

5

L'avantage du temps

Nous avons appris qu'investir signifie mettre de l'argent dans quelque chose dans l'espoir de créer un retour. Pour ce livre, nous nous sommes concentrés sur les fonds passifs, qui sont parmi les moyens les plus sûrs d'investir. Ils comportent néanmoins un certain risque, et le potentiel de perte d'argent est toujours présent. C'est là que l'avantage du temps est crucial. Les gens attendent souvent d'avoir atteint la trentaine, la quarantaine ou plus avant de penser à investir. S'il n'y a rien de mal à se lancer dans le monde de l'investissement plus tard dans la vie, le temps peut vraiment être un inconvénient pour vous. Vous aurez moins de temps pour apprendre et construire un patrimoine pour vous-même et votre famille.

Utilisez le temps à votre avantage, car il sera un facteur majeur dans la détermination de votre richesse à long terme. Si vous pouvez commencer à investir à l'âge de 20 ans, ou même à l'adolescence, alors vous pourrez vraiment profiter du facteur temps. Vous aurez plus de temps pour créer de la richesse, plus d'occasions de prendre des risques et plus de façons d'investir. La grande majorité des investissements augmentent en moyenne avec le temps. Plus vous vous lancez tôt dans le jeu, plus vous avez de chances de réussir.

Les avantages de commencer tôt Beaucoup de gens ne réalisent pas les avantages de commencer tôt lorsqu'il s'agit d'investissements. Ils pensent qu'ils ne peuvent le faire que lorsqu'ils sont en sécurité financière. Malheureusement, pour beaucoup de gens, cela n'arrive que plus tard dans la vie, voire pas du tout. Devenir un investisseur consiste en partie à apprendre à mieux gérer son patrimoine, puis à travailler avec ce que l'on possède. C'est l'une des raisons pour lesquelles nous avons abordé l'importance de l'épargne. Plus vite vous apprendrez à épargner, plus vite vous aurez l'argent nécessaire pour commencer à investir.

De nos jours, vous n'avez pas besoin d'un gros capital pour commencer. Lancez-vous dès que vous le pouvez avec ce que vous avez. Il n'y a peut-être jamais de moment idéal pour commencer à investir. Si votre objectif est la richesse à long terme, cela ne devrait pas être un problème. En fait, lorsqu'il s'agit d'investir, l'objectif est de s'enrichir à long terme. Si vous prévoyez de placer de l'argent en espérant un rendement rapide, vous n'investissez pas, vous jouez. Il peut être plus difficile à certains égards d'investir à un jeune âge, mais les avantages futurs l'emportent largement sur les difficultés temporaires que l'on peut rencontrer. Nous allons passer en revue les nombreux points positifs qui découlent du fait d'investir à temps.

Rendements composés :

Le pouvoir des rendements composés vous sera extrêmement bénéfique à long terme. La vitesse à laquelle votre patrimoine s'accroît vous étonnera. Plus vous commencez à investir tôt, plus vous avez le temps d'utiliser les rendements composés à votre avantage. La possibilité de réinvestir vos gains au fil du temps sera un excellent complément à votre portefeuille. Nous aborderons ce concept plus en détail dans le prochain chapitre.

La prise de risque :

Même avec les investissements les plus sûrs, il y a toujours un certain risque. Lorsque vous êtes un jeune investisseur, vous avez la possibilité de prendre plus de risques, tout simplement parce que vous avez plus d'années de revenus devant vous. Si vous commettez des erreurs financières majeures dans votre vingtaine ou votre trentaine, il sera plus facile de vous en remettre que si vous êtes dans la cinquantaine ou la soixantaine. En outre, vous aurez probablement moins de personnes qui dépendent de vous à un plus jeune âge. Il peut être difficile de prendre des risques lorsque d'autres personnes peuvent également être touchées.

Lorsque vous commencez à investir à un jeune âge, prenez quelques risques supplémentaires de temps en temps. Si cela fonctionne, ce sera une grande victoire. Si ce n'est pas le cas, vous aurez le temps de récupérer. À l'approche des dernières décennies de votre vie, vous pouvez opter pour des investissements plus sûrs qui vous permettront de passer le reste de votre vie. Les risques font partie de l'investissement, et plus vous aurez de temps pour les prendre, mieux vous vous porterez.

La courbe d'apprentissage est plus importante :

La courbe d'apprentissage est importante en matière d'investissement. Vous connaîtrez de nombreux succès et échecs en cours de route. Plus vous commencez tôt, plus vous aurez l'occasion d'apprendre dans les deux cas. Au fil du temps, vous serez en mesure d'affiner vos compétences et vos stratégies d'investissement et d'acquérir beaucoup d'expérience en cours de route. Apprendre à connaître le fonctionnement du marché prend du temps. Assurez-vous d'en avoir autant que vous en avez besoin. Si vous commencez à investir à une date ultérieure, vous n'aurez pas le temps nécessaire pour prendre une décision éclairée. Entrez dans le jeu tôt, afin d'avoir suffisamment de temps pour apprendre les techniques.

Améliore les habitudes de dépense Ce n'est un secret pour personne que les enfants et les jeunes adultes ne possèdent pas les meilleures compétences en matière de gestion financière. Celles-ci se développent avec le temps, avec l'expérience et les responsabilités. Certains parents apprennent très tôt à leurs enfants comment gérer l'argent, tandis que d'autres n'apprennent jamais. L'avantage de l'investissement est qu'il permet d'améliorer vos habitudes de consommation. Commencez à investir dans la vingtaine, et vous développerez d'excellentes compétences en matière de gestion de l'argent lorsque vous serez dans la trentaine ou la quarantaine.

Lorsque vous investissez, vous apprenez la valeur de l'argent et ne le tenez pas pour acquis. Commencez à un jeune âge, et vous serez moins susceptible de dépasser vos limites financières à l'avenir. Même si vous perdez de l'argent, vous tirerez inévitablement des leçons en cours de route, ce qui vous rendra plus responsable financièrement à l'avenir. En fin de compte, ce qui compte, ce n'est pas ce que vous gagnez, mais ce que vous gardez. Si vous améliorez vos habitudes de consommation, vous conserverez une plus grande partie de ce que vous gagnez.

Une meilleure qualité de vie : Investir à un jeune âge vous donne une longueur d'avance dans le monde des finances personnelles. Vous apprendrez à gérer votre argent plus tôt et vous aurez plus de temps pour constituer votre patrimoine. Bien que l'argent n'apporte pas le bonheur, en soi, il peut certainement rendre la vie plus facile. Lorsque vous avez plus d'argent, vous avez plus de possibilités de faire ce que vous aimez, comme voyager, manger au restaurant, vous adonner à des loisirs ou passer une soirée en ville. En outre, vous pouvez faire face aux diverses difficultés qui se présentent à vous de manière beaucoup plus efficace. Par exemple, il est plus facile d'entretenir votre maison ou votre voiture lorsque vos finances sont plus stables. Vous aurez une plus grande stabilité financière tout au long de votre vie d'adulte et même après votre retraite. Vous aurez une meilleure qualité de vie car vous vivrez plus confortablement et sans stress.

Plus de temps pour récupérer La plupart des bons investissements prennent de la valeur avec le temps. Cela ne signifie pas qu'il n'y aura pas de revers en cours de route. Si vous conservez un investissement assez longtemps, il finira par s'effondrer à un moment donné. Si vous commencez à investir tôt, vous aurez plus de temps pour récupérer. Un certain investissement peut prendre des années pour se rétablir. Si vous avez acheté cet investissement dans votre vingtaine ou votre trentaine, vous aurez moins de raisons de vous inquiéter que si vous avez investi dans votre soixantaine.

En résumé, vous devez commencer à investir afin d'avoir un avenir financier plus stable. Le temps peut être votre meilleur allié ou votre pire ennemi. Les objectifs financiers sont atteints grâce à des efforts constants et à une planification minutieuse au fil du temps. Les bonnes années compenseront les mauvaises, et vous aurez en fin de compte de bons résultats.

Savoir quand vous êtes prêt Nous avons insisté sur le fait que vous devriez commencer à investir dès que possible. Nous nous en tiendrons toujours à ce principe. Cependant, vous devez également savoir quand le moment est venu d'investir. Nous ne parlons pas d'anticipation du marché. Il s'agit de déterminer le bon moment pour investir en fonction de votre situation. Bien qu'il n'y ait jamais de moment idéal pour investir, il y a quelques éléments à prendre en compte.

- Disposez-vous de liquidités supplémentaires sur votre compte d'épargne ? Si vous avez très peu ou pas d'économies, nous ne vous recommandons pas d'investir tout de suite. Essayez d'abord de vous constituer une épargne supplémentaire avant d'investir. Bien que l'investissement comporte des risques, notre intention n'est pas de vous faire perdre tout ce que vous avez. Nous voulons que vous ayez suffisamment d'argent en cas d'urgence. La règle générale est de disposer d'au moins six à douze mois. Une fois que vous avez suffisamment d'économies pour assurer un certain coussin sur votre compte bancaire tout en investissant une bonne partie, vous êtes prêt à commencer.

- Déterminez si l'argent dont vous disposez est nécessaire pour autre chose au cours des prochaines années. Par exemple, si vous économisez pour acheter une maison ou pour subir une intervention chirurgicale, ne prenez pas cet argent pour le placer dans un autre investissement. Vous pouvez envisager un compte d'épargne à haut rendement pour vous constituer plus rapidement un capital supplémentaire. Si vous disposez d'un peu d'argent, utilisez-le pour investir dans des fonds passifs.

- Évaluez tout ce qui se passe dans votre vie et déterminez ce qui est le plus nécessaire. Si vous n'avez pas investi cet argent, que pourriez-vous en faire d'autre ? Si vous en avez besoin pour des choses essentielles comme la nourriture ou le logement, c'est la priorité. Si vous avez beaucoup de dettes, essayez de les rembourser en premier. S'il n'y a rien de plus important pour lequel vous pouvez dépenser cet argent, la meilleure option est d'investir.

Il est important d'avoir une certaine stabilité financière avant d'investir. C'est pourquoi nous vous encourageons à épargner le plus tôt possible pour pouvoir commencer à investir dès que possible. Ne laissez personne d'autre déterminer les choix que vous faites. C'est votre situation personnelle qui doit dicter le moment opportun pour commencer à investir.

Investir à long terme L'avantage de commencer en tant que jeune investisseur est que vous serez en mesure d'investir à long terme. Si votre plan est de jouer les actions et d'essayer de faire un gros rendement rapidement, eh bien d'abord, nous vous recommandons de ne pas le faire. Notre objectif n'est pas de faire de vous des millionnaires de Wall Street. Deuxièmement, il n'y a pas d'avantage temporel à considérer ici. Si votre objectif est un rendement rapide, cela n'a pas vraiment d'importance que vous le fassiez dans votre vingtaine ou votre soixantaine, à moins que vous ne prévoyiez de le faire pendant plusieurs décennies et de tenter votre chance.

Nous voulons mettre en avant les avantages de l'investissement à long terme, qui augmentent considérablement en moyenne lorsqu'on commence à un âge plus précoce. Lorsqu'il s'agit d'investir pour votre avenir, il existe une myriade de chemins que vous pouvez emprunter pour vous construire une meilleure vie financière. Même avec les fonds d'investissement passifs sur lesquels nous nous sommes concentrés, il n'y a pas une seule voie à suivre. Nous allons passer en revue certains avantages de l'investissement à long terme dont ne peuvent bénéficier les investisseurs à court terme. Il est presque impossible de chronométrer le marché, mais il est essentiel d'entrer sur le marché au bon moment.

- L'investissement à long terme élimine presque toutes les émotions de l'équation. Les grandes fluctuations du marché, dans un sens ou dans l'autre, ne vous feront pas attendre sur le bord de votre siège, en attendant d'acheter ou de vendre. En restant fidèle aux actions et aux titres à long terme, vous pouvez vous concentrer sur les gains futurs. C'est l'essence même d'un investissement à long terme.

- Selon les recherches et les données, ces types d'investissement vous donneront presque toujours raison. Certes, il y aura beaucoup de hauts et de bas, mais si vous conservez vos investissements suffisamment longtemps, votre portefeuille devrait prendre de la valeur. C'est une autre raison d'investir le plus tôt possible.

- Nous entendons constamment parler de personnes qui sont devenues millionnaires et milliardaires sur le marché boursier. Cela demande des compétences particulières, et très peu de gens y parviennent. Avec les investissements à long terme, les choses deviennent beaucoup moins compliquées, donc tout le monde peut le faire. L'apprentissage des différentes plateformes de style de trading ne pose aucun problème. Vous ne serez pas un trader actif avec les investissements à long terme. Vous devez simplement choisir des entreprises qui sont bien gérées et qui assureront une croissance pendant des décennies. Même si vous faites des erreurs en cours de route, vous finirez toujours par gagner.

- Être un investisseur à long terme vous aidera à mieux dormir la nuit. Vous n'aurez pas à rester éveillé toute la nuit en vous demandant si votre action va s'effondrer. Vous serez confronté à moins de volatilité.

- Votre risque d'investissement diminue considérablement. En investissant à court terme, vous essayez d'entrer et de sortir constamment et vous risquez de ne pas profiter des grandes hausses du marché. Lorsque vous vous engagez sur le long terme, ces facteurs de risque disparaissent. Vous ne manquerez pas de gros gains si vous restez fidèle aux entreprises qui vous tiennent à cœur.

- Les frais de commission ne sont pas un gros problème et ne sont même pas pris en compte dans les investissements à long terme. Les gains que vous réalisez finissent par annuler ces frais de commission.

- Les erreurs d'investissement sont faciles à corriger. Si vous vous en tenez aux entreprises qui affichent un modèle économique gagnant, un grand nombre d'erreurs se répareront d'elles-mêmes.

Quel que soit l'âge auquel vous avez l'argent pour commencer à investir dans des fonds passifs à long terme, faites-le. Si vous êtes un parent, vous pouvez également ouvrir un compte pour vos enfants afin qu'ils puissent commencer à apprendre l'argent dès leur plus jeune âge. Vous n'en tirerez que des avantages. L'avantage du temps est un facteur énorme pour promouvoir la richesse à long terme. Utilisez-le pleinement.

Commencer tard Beaucoup de gens n'ont pas eu la possibilité de commencer à investir tôt, pour une raison ou une autre. Beaucoup n'avaient tout simplement pas accès à l'information. Bien que nous encouragions les gens à commencer à investir le plus tôt possible, il n'est pas trop tard pour entrer dans le jeu si vous êtes proche de l'âge de la retraite. Vous n'aurez pas l'avantage du temps comme lorsque vous étiez plus jeune, mais quelques changements de stratégie peuvent améliorer considérablement votre bien-être financier. Lorsque les gens atteignent la cinquantaine ou la soixantaine, leur principal objectif est généralement d'épargner pour la retraite. Ainsi, ils peuvent profiter de plusieurs années de bonne vie sans se soucier d'avoir un revenu. Nous allons passer en revue quelques conseils pour ceux d'entre vous qui commencent tardivement à épargner pour leur retraite.

- Tout d'abord, vous devez accélérer le montant de votre épargne. Pour ce faire, vous pouvez verser davantage d'argent sur un compte de retraite parrainé par votre employeur, comme un plan 401(k). Si votre employeur ne propose pas ce type de compte, ou si vous êtes indépendant, vous pouvez toujours ouvrir un compte privé comme un IRA auprès de votre banque.

- Vous pouvez également commencer à réduire vos dépenses en vous débarrassant des objets dont vous n'avez plus envie ou besoin. Certaines personnes réduisent même la taille de leur voiture et de leur maison. Cela peut permettre de réaliser des économies importantes en réduisant les paiements mensuels. Une fois que vous aurez réduit vos effectifs, vous pourrez utiliser cet argent supplémentaire pour le placer sur un compte à haut rendement, comme un CD, ou sur un compte de retraite. Même un compte d'épargne ordinaire est mieux que rien, mais nous voulons que votre argent travaille pour vous de la meilleure façon possible.

- Évitez d'acheter des produits de luxe dont vous n'avez pas besoin afin de ne pas vous endetter davantage. Par exemple, si votre voiture fonctionne toujours bien, n'en achetez pas une nouvelle avant d'en avoir besoin. Là encore, vous pouvez utiliser l'argent que vous économisez pour alimenter vos différents comptes.

- Maintenez votre portefeuille de placements à faible risque. Un fonds comportant un pourcentage élevé d'obligations peut néanmoins vous apporter un revenu supplémentaire.

Bien entendu, les investisseurs recommandent un mélange d'actions et d'obligations pour un gain maximal et un risque limité. Conservez une part moins importante de vos actifs en espèces afin de faire fructifier davantage votre argent. Au-delà de ce dont vous avez besoin pour les urgences et les dépenses quotidiennes, ne placez pas votre argent sur des comptes bancaires ordinaires.

- Évitez d'expérimenter des opérations ou des instruments d'investissement que vous ne comprenez pas. Plus vous vieillissez, plus vous réduisez le niveau de risque. Vous pouvez expérimenter des investissements plus risqués lorsque vous êtes jeune, mais lorsque vous êtes proche de la retraite, restez prudent et augmentez vos revenus du mieux que vous pouvez.

En résumé, commencez à investir dès que vous le pouvez. Si vous lisez ce livre dans la cinquantaine, commencez à investir dans la cinquantaine. Ne lisez pas ce livre pour l'oublier ensuite pendant dix ans. Plus vite vous commencerez, plus vous vous sentirez à l'aise.

6

Le miracle de l'intérêt composé

Nous avons abordé l'idée des intérêts composés dans le chapitre précédent. Nous allons l'aborder plus en détail ici, notamment le miracle qu'il peut avoir sur votre avenir financier. La façon la plus simple d'expliquer ce concept est de l'appeler "intérêt sur intérêt". Il fait croître les intérêts à un rythme accru. Avec l'intérêt composé, l'intérêt est calculé sur l'intérêt accumulé au fil du temps en plus du montant du principal initial. Cela peut créer un effet boule de neige puisque l'investissement initial et les revenus tirés de ces investissements croissent ensemble.

Les avantages des intérêts composés augmentent de façon exponentielle avec le temps dont on dispose pour faire fructifier l'investissement. Cela nous ramène à ce que nous avons dit dans le chapitre précédent : commencez tôt ! Si vous bénéficiez de 50 ans d'intérêts composés avec le même investissement, au lieu de 30 ans, alors mathématiquement parlant, vous aurez gagné beaucoup plus d'argent sur une période de 50 ans.

Faisons un rapide calcul pour en montrer les effets. Si vous épargniez 50 $ par mois pendant dix ans et que vous ne perceviez aucun intérêt, vous vous retrouveriez avec 6 000 $. Si vous perceviez un intérêt de 8 % par an sur votre investissement, vous vous retrouveriez avec 9 150 $ après dix ans. Quelle différence cela peut faire. Imaginez maintenant que vous investissiez 100 $ ou 200 $. L'argent gagné par les seuls intérêts composés à ce taux augmenterait votre argent de 50 %. Pour votre information, 200 $ investis mensuellement pendant dix ans à un taux d'intérêt de 8 % vous donneraient 36 000 $ si vous ne retirez jamais rien et n'effectuez que des dépôts.

Pour vous aider à mieux comprendre l'avantage des intérêts composés, nous allons les comparer aux intérêts simples. L'intérêt simple peut également être bénéfique à plus petite échelle, mais il ne produira pas les mêmes résultats que l'intérêt composé. Cela est particulièrement vrai pour les investissements à long terme. Disons que vous avez investi 5 000 dollars sur un compte. Il s'agit du montant principal avec lequel vous commencez. Avec les intérêts simples, vous percevrez des intérêts sur ces 5 000 dollars tant qu'ils resteront sur le compte, mais pas d'intérêts supplémentaires sur les intérêts que vous avez perçus. Essentiellement, l'intérêt gagné n'est pas ajouté à votre investissement initial pour augmenter le montant du capital.

Avec l'intérêt composé, l'intérêt que vous gagnez est ajouté à votre solde principal, sur lequel vous gagnerez ensuite d'autres intérêts. Par exemple, si l'investissement initial était de 5 000 $ et qu'à la fin du premier mois, vous avez 5 008 $, alors 5 008 $ est votre nouveau solde principal, sur lequel vous percevrez des intérêts. Les avantages des intérêts composés feront une énorme différence au fil des années.

Si vous voulez profiter des avantages incroyables des intérêts composés, vous devez être prêt à investir votre argent dans des comptes qui les offrent. Une fois que vous avez placé vos fonds sur ces comptes, il est important d'ajouter de l'argent quand vous le pouvez et d'éviter de retirer quoi que ce soit pendant aussi longtemps que possible. Une fois que vous commencerez à voir les gains d'intérêts s'empiler sur votre compte, il sera difficile de ne pas les laisser continuer. Gagner de l'argent peut devenir une dépendance à un moment donné.

Comptes d'investissement permettant de gagner des intérêts composés Il est important de choisir des comptes spécifiques qui offrent des intérêts composés pour vous aider à constituer votre patrimoine au fil du temps. Imaginez que vous regardiez votre argent fructifier alors qu'il est simplement déposé dans une banque. Voilà en quoi consiste le miracle des intérêts composés. Il existe de nombreux comptes bancaires et d'investissement, que nous allons passer en revue, qui vous permettent de bénéficier de ce type de croissance.

Les placements bancaires :

Les Cds et les placements sur le marché monétaire offrent fréquemment des options de croissance par intérêts composés.

De nombreuses institutions bancaires offrent des intérêts composés sur une base quotidienne, même si vous ne le voyez pas. Il se peut que vous ne voyiez le paiement qu'une fois par mois ou à la fréquence choisie par la banque. L'objectif est de laisser votre argent sur le même compte, afin qu'il continue à être composé au fil du temps. Choisissez les comptes qui ont les taux d'intérêt les plus élevés, et vous bénéficierez d'avantages encore plus importants. La croissance que vous constaterez année après année vous étonnera.

Obligation à coupon zéro : Avec une obligation traditionnelle, vous recevrez fréquemment des paiements d'intérêts, mais ils ne sont pas composés. Lorsque vous ouvrez une obligation à coupon zéro, vous l'achetez pour une fraction de sa valeur initiale. Grâce à la capitalisation, elle finira par atteindre son prix de valeur une fois arrivée à échéance. Avec cette option, vous économisez beaucoup d'argent sur votre investissement initial et vous en récolterez les fruits plus tard.

Composer les gains par réinvestissement :

Cela demande un peu de technique. Lorsque vous ouvrez un fonds commun de placement, vous recevez des dividendes de vos investissements en actions. Ces dividendes restent simplement sur votre compte à mesure qu'ils s'accumulent. Pour les faire travailler de manière plus productive, vous pouvez réinvestir ces dividendes pour en gagner encore plus.

Certains fonds communs de placement et certaines options d'actions ont leurs propres plans de réinvestissement des dividendes qui permettent d'acheter automatiquement plus d'actions ou de fonds. D'autres options nécessitent votre participation. Cela signifie que vous pouvez choisir où et quand réinvestir votre argent. En suivant cette stratégie, vous pouvez transformer presque n'importe quel compte d'investissement en un compte à intérêts composés pour faire travailler votre argent pour vous autant que possible.

Les bons du Trésor :

Les bons du Trésor sont entièrement garantis par le département du Trésor. Il s'agit d'une dette publique à court terme utilisée pour remplir divers projets et obligations financières. Ils sont considérés comme un investissement sûr. Ces bons sont achetés à leur valeur nominale et, à leur échéance, les investisseurs en reçoivent la pleine valeur. Il est recommandé de conserver ces billets jusqu'à leur pleine maturité, sinon vous risquez de subir une perte. En gros, avant d'acheter, assurez-vous que vous n'avez pas besoin de l'argent pour autre chose. La rapidité avec laquelle ces bons du Trésor arrivent à échéance varie.

Le revers de la médaille Nous avons parlé du miracle des intérêts composés. Lorsqu'il s'agit de comptes d'épargne et d'investissement, c'est un avantage certain. Vous pouvez gagner des sommes d'argent exceptionnelles, et si vous commencez tard dans la vie, les comptes qui offrent des intérêts composés sont une excellente chose à avoir dans votre portefeuille. Bien que les intérêts composés soient excellents lorsqu'il s'agit d'épargner, ils ont un revers de la médaille, et c'est le cas lorsqu'il s'agit de prêts.

Revenons au chiffre 5 000. Imaginez un instant que vous ayez un solde impayé de 5 000 $ sur un prêt à intérêts composés. Si ce prêt a un taux annuel en pourcentage de 15 % et que les intérêts sont composés quotidiennement, vous devrez 5 063,70 $ après un mois. Si vous mettez 100 $, le montant descendra à 4 963,70 $, mais il remontera à plus de 5 000 $ à la fin du mois suivant. Imaginez combien de temps il vous faudra pour rembourser ce prêt et combien d'argent supplémentaire vous dépenserez lorsque vous aurez terminé. Pour vous donner un indice, ce sera beaucoup plus que 5 000 $.

C'est pourquoi les gens conservent leurs prêts pendant presque toute leur vie d'adulte. Les prêts étudiants, les cartes de crédit et les prêts hypothécaires sont parmi les plus grosses dettes que les gens ont et dont ils ne peuvent presque jamais se débarrasser. Les taux d'intérêt peuvent anéantir les finances d'une personne, il faut donc être très prudent lorsque vous contractez un prêt pour presque n'importe quoi. Déterminez quel sera votre taux mensuel et combien de temps il vous faudra pour rembourser un prêt avec des paiements mensuels spécifiques. Par exemple, si vous contractez un prêt de 5 000 $, déterminez combien de temps il vous faudra pour le rembourser si vous versez 200 $ par mois. Évitez absolument les intérêts composés sur les prêts si vous le pouvez.

7

Modèles de portefeuille

Nous avons maintenant discuté en détail des fonds d'investissement passifs et d'autres sujets d'investissement. Les leçons les plus importantes à retenir sont de commencer tôt, de se concentrer sur les gains à long terme et de diversifier ses actifs. Nous reviendrons plus en détail sur ce dernier point en abordant les modèles de portefeuille et les avantages qu'ils procurent.

Les investisseurs ont des attentes diverses en ce qui concerne leur argent et sa destination. Ils peuvent rechercher des rendements élevés, un faible risque, l'efficacité fiscale, ou une combinaison de tous ces éléments lorsqu'ils constituent leurs investissements. C'est là que nous arrivons aux modèles de portefeuille, ou portefeuilles modèles, qui peuvent fournir tous ces avantages et plus encore s'ils sont créés correctement. Les portefeuilles modèles sont un groupe diversifié d'actifs conçus pour obtenir un rendement avec un faible niveau de risque. Il existe une variété de portefeuilles qu'un gestionnaire d'investissement ou un conseiller financier peut créer et qui seront axés sur vos objectifs financiers pour l'avenir. Les portefeuilles modèles permettent aux investisseurs d'utiliser des méthodes d'investissement efficaces avec un effort de gestion très minime.

La stratégie de diversification utilisée avec ces portefeuilles d'investissement permet de réduire le risque en répartissant vos fonds entre de nombreux véhicules financiers, catégories d'actifs et secteurs. Votre argent ne sera jamais au même endroit. Cette technique permet toujours d'obtenir des rendements décents tout en réduisant le risque lié aux investissements à court terme et aux investissements singuliers. Lorsque les conseillers financiers créent un modèle de portefeuille, ils choisissent souvent des investissements qui peuvent réagir de différentes manières lorsque des événements similaires se produisent. La détention d'actions de compagnies ferroviaires et de compagnies aériennes en est un parfait exemple. Si les cheminots se mettent en grève, les actions des chemins de fer chuteront considérablement. Cependant, comme les gens ne prennent plus le train, ils peuvent commencer à prendre l'avion, ce qui fait monter les actions des compagnies aériennes. Il ne s'agit que d'un exemple hypothétique pour vous montrer comment cela fonctionne.

L'exemple ci-dessus des actions des chemins de fer et des compagnies aériennes pourrait créer un autre problème. Étant donné qu'elles font toutes deux partie de l'industrie du voyage, les cours des deux actions pourraient être affectés. C'est pourquoi vous ne pouvez pas non plus vous contenter de vous diversifier dans un seul secteur. Vous devez vraiment investir dans tous les secteurs. Par exemple, vous pouvez détenir des actions et des titres dans le secteur du voyage, ainsi que dans le secteur de l'alimentation et de l'habillement.

L'avantage des portefeuilles modèles est qu'ils ont été conçus par des professionnels et des experts du secteur. Lorsqu'un expert financier travaille avec vous sur votre portefeuille, il utilise son analyse professionnelle et ses recherches détaillées pour élaborer une stratégie d'investissement idéale pour vous. Ensuite, il choisira des actifs spécifiques pour constituer votre portefeuille. Pendant tout ce temps, il aura mis en place un processus de révision clair pour aider à évaluer chaque investissement individuel dans le portefeuille et surveillera la performance sur une base régulière. En fait, votre portefeuille modèle sera construit et supervisé par un professionnel de la finance. Ainsi, vous pouvez suivre et évaluer les investissements de temps en temps et laisser l'expert gérer les opérations au jour le jour. Faites vos recherches et assurez-vous de faire appel à un conseiller financier reconnu.

Les portefeuilles modèles doivent répondre à des critères spécifiques et afficher un niveau de performance acceptable. Les conseillers financiers rééquilibreront vos placements au besoin. Cela signifie qu'ils surveilleront constamment vos investissements et, si des modifications sont nécessaires, ils réajusteront les pourcentages de chaque actif dans le portefeuille. Ce processus de rééquilibrage comprend l'achat et la vente d'actifs pour maintenir la répartition des actifs. Ce faisant, ils peuvent s'assurer que vous maximisez vos profits et minimisez vos risques. Imaginez la quantité de travail que cela représenterait si vous deviez choisir vous-même chaque action sans l'aide de personne. La plupart des gens n'ont ni le temps ni l'envie d'être des investisseurs professionnels. C'est pourquoi les modèles de portefeuille géré deviennent une bénédiction.

Bien qu'un portefeuille modèle présente de nombreux aspects positifs, il présente également des inconvénients. Lorsque vous vous engagez dans un portefeuille de ce type, vous perdez le contrôle de la gestion de vos actifs. Votre conseiller financier aura le contrôle total de votre argent qui se trouve dans ce portefeuille. Si vous avez un excellent conseiller financier, ce n'est pas un gros problème. Cependant, cela peut mettre beaucoup de gens mal à l'aise. Les gens ont l'habitude d'avoir un accès complet à leurs fonds à tout moment, et cette voie leur enlève cet accès. Comme nous l'avons déjà dit, faites vos recherches avant de choisir un conseiller financier ou une société d'investissement.

Lorsque vous placez votre argent sur un compte bancaire ordinaire, il est assuré par la FDIC. Cela signifie que vous ne perdrez pas l'argent que vous avez placé en raison d'une mauvaise gestion de la banque. Ce que vous mettez est ce que vous récupérez, plus les intérêts. Avec les investissements, y compris les portefeuilles modèles, la performance n'est pas garantie, ce qui signifie que vous pourriez vous retrouver avec moins d'argent que vous n'en avez investi. Même les meilleurs gestionnaires de fonds peuvent perdre de l'argent en cas de baisse du marché. Bien sûr, si votre plan est à long terme, vous ne devriez pas trop vous inquiéter à ce sujet. La valeur de votre portefeuille finira par augmenter.

Enfin, avant de vous inscrire à un portefeuille modèle,

comprenez bien les frais que vous aurez à payer. Les portefeuilles seront gérés par un expert financier, ce qui signifie que vous devrez le payer pour son temps et ses efforts. Cela en vaut certainement la peine, car la gestion de ces portefeuilles serait une tâche décourageante si vous la faisiez seul. Toutefois, assurez-vous qu'il ne vous impose pas des frais excessifs. Il peut être judicieux de comparer plusieurs conseillers pour obtenir une moyenne. En fin de compte, si votre portefeuille d'investissement génère des rendements maximums, ces frais peuvent devenir un problème mineur.

Exemples de portefeuilles modèles Bien que le conseiller financier ou la société d'investissement fasse le gros du travail pour vous, vous devez comprendre les bases d'un portefeuille modèle et ce qui en fait le succès. Si vous ne le faites pas, ils risquent de vous faire passer un mauvais quart d'heure sans même que vous vous en rendiez compte. Imaginez ce que vous ressentiriez si vous investissiez votre argent durement gagné pour le voir disparaître. Les chances que cela se produise sont minimes, mais nous ne voulons pas que vous deveniez une statistique. Nous allons passer en revue quelques exemples de portefeuilles modèles que les experts du secteur ont créés pour eux-mêmes. Vous n'êtes pas obligé de suivre ces exemples. Ils sont juste là pour vous donner une idée.

Le portefeuille 90/10 de Warren Buffett :

Ce modèle se décompose en 90 % de fonds trackers S&P (un type d'ETF) et 10 % d'obligations d'État à court terme. M. Buffett estime que ce type d'investissement est bon pour ceux qui ne sont pas des investisseurs expérimentés. Cette voie permet d'éviter les dépenses et les frais élevés. Les détracteurs de ce modèle affirment que les investissements du portefeuille sont exclusivement américains et dépourvus de toute entreprise internationale. Cela peut limiter la diversification qui vient de l'international. Ce modèle de portefeuille simple a donné de bons résultats pendant plusieurs décennies. S'il est accepté par l'investisseur le plus prospère du monde, il s'agit d'un modèle à suivre.

Ultimate Byu and HoldStrategy byPaulMerriman Ce portefeuille particulier de l'investisseur à succès Paul Merriman est exclusivement composé d'actions. Il croit également à la nécessité de détenir des actions. Ce modèle comporte une série d'actions différentes, chacune représentant 10 % du portefeuille. Voici les investissements qu'il détient :

- 10 % du S&P 500 - 10 % des grandes capitalisations américaines - 10 % des petites capitalisations américaines - 10 % des petites capitalisations américaines - 10 % des FPI américaines - 10 % des grandes capitalisations internationales - 10 % des grandes capitalisations internationales - 10 % des petites capitalisations internationales - 10 % des petites capitalisations internationales - 10 % des marchés émergents La stratégie de M. Merriman consiste à utiliser le S&P 500 comme base de départ, puis à ajouter de petites quantités de divers autres actifs pour aider à réduire le risque. Il s'agit d'un portefeuille d'actions très diversifié.

Dotations de l'Ivy League :

Lorsque vous traduisez les divers investissements des fonds de dotation de l'Ivy League, comme Yale ou Harvard, en classes d'actifs basées sur les ETF, ils sont beaucoup plus accessibles au grand public. Ces fonds de dotation peuvent être difficiles à répliquer lorsqu'ils sont réalisés seuls. Voici la répartition de ce portefeuille d'investissement.

- 35 % d'actions américaines - 28 % d'obligations - 15 % d'actions étrangères - 11 % de matières premières - 11 % d'immobilier No Brainer Portfolio de Bill Bernstein Il s'agit d'un modèle de portefeuille relativement simple créé par un répartiteur d'actifs intelligent, Bill Bernstein. Il propose une répartition égale de tous les actifs impliqués dans le portefeuille.

- 25 % d'obligations - 25 % de S&P 500 - 25 % d'actions américaines de petite capitalisation - 25 % d'actions européennes Chaque modèle de portefeuille individuel a ses forces et ses faiblesses et est développé en fonction des objectifs d'un investisseur individuel. Vos modèles personnels peuvent ressembler aux modèles ci-dessus ou en être complètement différents. Quoi qu'il en soit, allez dans la direction qui vous convient le mieux.

Étapes de la construction d'un portefeuille rentable En fin de compte, votre objectif principal dans la construction d'un portefeuille est de le rendre rentable. Vous vous attendez à investir une certaine somme d'argent, puis à disposer d'une somme beaucoup plus importante à la fin du parcours. Tant que vous avez atteint cet objectif, vous avez réussi. Les investisseurs peuvent suivre une approche systématique pour construire un portefeuille orienté vers leurs objectifs d'investissement. Nous allons passer en revue les étapes de cette approche systématique.

Déterminez la répartition d'actifs qui vous convient :

L'évaluation de votre situation financière individuelle et de vos objectifs à long terme constitue la première étape de la construction de votre portefeuille. Vous devez tenir compte de votre âge et du temps dont vous disposez pour faire fructifier vos placements. Déterminez également le montant du capital dont vous disposez pour effectuer un investissement. Un jeune diplômé d'université dans la vingtaine aura une approche différente de la construction d'un portefeuille qu'une personne de 50 ans qui subvient aux besoins de sa famille.

Vous devez également tenir compte de votre personnalité et de votre tolérance à la prise de risques. Certaines personnes sont beaucoup plus à l'aise avec la prise de risques et sont également plus agressives dans leur approche. Cette personne devrait envisager une stratégie différente de celle d'une personne plus conservatrice. Même avec des investissements plus sûrs comme les fonds passifs, vous pouvez augmenter votre potentiel de revenu en augmentant le niveau de risque derrière vos actifs. Un portefeuille agressif comporterait plus d'actions et moins de titres à revenu fixe comme les obligations. Un portefeuille conservateur serait l'inverse. Si les portefeuilles agressifs vous empêchent de bien dormir la nuit, alors ces investissements plus risqués ne sont peut-être pas votre fort. Le stress n'en vaut pas la peine.

Pour des raisons de rentabilité, il existe ce que l'on appelle le compromis risque/rendement. Prenez autant de risques que vous vous sentez à l'aise, mais ne vous débarrassez pas complètement du risque ; sinon, vous n'aurez aucun rendement. Si c'est le cas, vous pouvez tout aussi bien vous contenter d'un compte d'épargne ordinaire ou d'un compte du marché monétaire. Une fois que vous avez déterminé les actifs sur lesquels vous voulez vous concentrer, vous pouvez passer à l'étape 2.

Réaliser le portefeuille :

Pour cette étape, vous devez répartir votre capital entre les classes d'actifs appropriées. C'est assez facile au niveau de base, car vous pouvez simplement séparer les actions et les obligations. Vous pouvez encore décomposer les classes d'actifs en sous-classes plus petites. Un investisseur peut diviser les allocations d'actions entre différents secteurs et également entre les actions étrangères et les actions nationales. Les obligations peuvent être divisées entre le court terme et le long terme et entre l'État et les entreprises. Vous pouvez emprunter plusieurs voies pour réaliser votre stratégie de répartition des actifs. Voici quelques éléments à prendre en compte.

- Si vous choisissez des actions, choisissez celles qui correspondent à votre niveau de risque. Votre conseiller financier peut vous aider à prendre les décisions en analysant les opportunités et les risques encourus. Pendant que votre conseiller s'occupera des tâches quotidiennes, tenez-vous au courant de toutes les entreprises de votre portefeuille et suivez les tendances du marché pour être vous aussi informé. Restez également au courant de toutes les nouvelles du secteur. Il s'agit toujours de votre argent, après tout.

- Lorsque vous choisissez des obligations, examinez le type d'obligation, la cote de crédit et l'environnement général des taux d'intérêt.

- Les fonds communs de placement vous permettent de détenir des actions et des obligations qui ont été recherchées et choisies par des professionnels pour vous. Ces fonds sont gérés de manière plus agressive, et les frais à payer au gestionnaire de fonds sont donc plus élevés. Les fonds indiciels constituent une option passive qui comporte moins de frais.

Réévaluation des pondérations du portefeuille :

À cette étape, vous devriez avoir un portefeuille bien établi. Félicitations pour avoir franchi une étape positive en matière d'investissement. Une fois cette étape franchie, vous n'avez pas fini. De nombreuses personnes ouvrent des comptes de ce type, puis les oublient. Bien que le gestionnaire de fonds examine votre compte et procède à un rééquilibrage si nécessaire, il est important que vous restiez informé des ajustements qui ont lieu.

Il se peut que des changements surviennent dans votre vie au fil du temps. Par exemple, vous pouvez devenir plus instruit sur divers titres et être plus disposé à prendre des risques. À ce moment-là, vous pouvez passer à un portefeuille plus agressif. De même, si vos revenus augmentent, vous pouvez être en mesure de cotiser davantage. Votre modèle de portefeuille n'est à aucun moment définitif. Il peut être modifié au besoin.

Rééquilibrage stratégique :

Après avoir évalué votre portefeuille et déterminé les titres que vous voulez réduire, décidez maintenant des titres que vous allez acheter. Après avoir pris cette décision, utilisez le produit des titres surpondérés pour acheter les titres sous-pondérés. Avant de vendre certains titres, tenez également compte de la possibilité de payer des impôts sur les gains en capital. Pour les éviter, vous pouvez simplement cesser de contribuer à ces titres surpondérés et vous concentrer sur les titres sous-pondérés. Il s'agit là d'un véritable exercice d'équilibre.

L'objectif principal, lorsque vous construisez et reconstituez votre portefeuille, est de maintenir la diversification. Ne laissez jamais vos fonds devenir trop déséquilibrés dans une seule direction. Vous devez détenir des titres de différentes classes d'actifs, ainsi que plusieurs titres au sein d'une même classe d'actifs. C'est ainsi que vous développez le portefeuille diversifié ultime. Bonne chance dans la création de votre modèle de portefeuille personnalisé.

Protéger votre portefeuille Bien que les portefeuilles soient une option relativement sûre pour les nouveaux investisseurs qui souhaitent une croissance à long terme, il existe quelques moyens supplémentaires de protéger vos actifs. Nous avons déjà parlé de la diversification, qui est une protection majeure contre la perte de votre investissement. Au-delà, il existe plusieurs autres stratégies courantes que vous pouvez utiliser pour protéger votre modèle de portefeuille.

Actifs non corrélés :

Il s'agit d'une stratégie qui consiste à détenir des actifs qui ne sont pas corrélés entre eux. Cela signifie qu'ils réagissent différemment aux conditions spécifiques du marché. Par exemple, l'immobilier, les obligations, les matières premières et les devises ont souvent une relation inverse avec les actions. Ainsi, lorsque les actions baissent, les autres actifs montent. Cela permet de maintenir la volatilité du portefeuille global à un faible niveau.

Stop Losses :

Elles permettent de protéger votre portefeuille contre la chute des cours des actions. Il existe différents types de stops que vous pouvez utiliser. Avec un hard stop, vous pouvez déclencher la vente d'une action en lui fixant un prix fixe. Cela signifie que si le prix de l'action tombe à un certain niveau, l'action sera automatiquement vendue. Par exemple, si vous achetez des actions d'une société à 20 $ l'action et que vous fixez un stop dur à 18 $, l'action sera automatiquement vendue si le prix descend en dessous de 18 $ l'action.

Un autre type de stop loss est le stop suiveur. Ils sont basés sur des pourcentages plutôt que sur des chiffres précis. Cela signifie que si le prix des actions baisse d'un certain pourcentage, l'action sera automatiquement vendue. Par exemple, nous pouvons fixer notre stop suiveur à 10 %. Lorsque le prix des actions augmente, la valeur de vente augmente également. Si nous achetons les actions initiales à 20 $ chacune, l'action sera automatiquement vendue si elle passe sous la barre des 18 $, ce qui représente une baisse de 10 %. Si le prix de l'action passe à 25 $, la nouvelle limite de vente sera une baisse de 10 % à partir de ce point, soit 22,50 $ par action.

Les investisseurs qui encouragent les pertes stop le font parce qu'elles protègent un individu contre un marché qui change rapidement. Il peut certainement empêcher la valeur de votre action de devenir trop faible. Les opposants aux stop loss affirment que les pertes temporaires deviennent permanentes et que vous manquerez de nombreuses opportunités de croissance si l'action rebondit. Ces deux affirmations sont vraies, et c'est à vous de décider s'il s'agit d'une protection que vous souhaitez mettre en place.

Votre portefeuille connaîtra inévitablement de la volatilité, car les différents investissements montent et descendent. L'objectif de ces mesures de protection est de protéger vos actifs de cette volatilité. Vous pouvez utiliser certaines d'entre elles ou toutes. N'oubliez pas que plus vous mettez de mesures de protection, moins vous avez de chances d'obtenir une croissance à long terme. La clé est de trouver un équilibre entre la sécurité et le risque.

En vous faisant découvrir pas à pas les différentes stratégies d'investissement dans des fonds passifs, nous espérons vous avoir ouvert les yeux sur de nombreux moyens de constituer un patrimoine auxquels vous n'aviez jamais pensé. Les jours du passé, où une famille pouvait compter sur un seul revenu, sont de plus en plus rares. Il est impératif d'apprendre de nouvelles méthodes pour accroître la richesse. Ces modèles de portefeuille vous permettront de vous doter de fonds d'investissement sûrs et passifs.

Conclusion

L'idée de l'argent est fascinante, tandis que l'idée de le perdre est terrifiante. Bien que nous essayions de ne pas vénérer l'argent ou les finances, il s'agit d'une entité qui fait tourner le monde. Vous ne pouvez tout simplement pas survivre sans argent, il est donc préférable de l'utiliser à votre avantage. Pour ce faire, vous devez l'aborder d'une manière différente. Vous devez vous débarrasser de vos vieilles pensées et croyances sur le fonctionnement de l'argent, afin de vous ouvrir à un nouveau champ de possibilités.

Tout au long de ce livre, nous nous sommes concentrés sur l'idée d'investir, qui est étrangère à beaucoup de gens. L'investissement n'est certainement pas quelque chose qui est enseigné dans les écoles, et de nombreux parents ne s'y intéressent pas. C'est parce que cela ne leur a jamais été enseigné. Si les enfants ont eu de la chance, on leur a au moins appris à épargner. Bien qu'il soit préférable d'épargner que de tout dépenser, cela limite considérablement vos possibilités de constituer votre patrimoine. C'est pourquoi nous nous sommes plongés dans le monde de l'investissement et avons montré à chacun d'entre vous que ce n'est pas aussi compliqué qu'il n'y paraît.

Il existe de nombreuses options d'investissement, mais nous avons choisi de nous concentrer sur les fonds d'investissement passifs en raison de leur approche à faible risque. Il est simple pour un nouvel investisseur de s'engager dans des fonds passifs afin de pouvoir commencer à se construire un avenir financier plus productif. Bien sûr, le concept d'investissements faciles et à faible risque ne convient pas à beaucoup de gens. La raison en est le manque d'exposition. Ils ont développé un état d'esprit limitatif qui les empêche de regarder en dehors de la boîte. La première chose qu'une personne doit faire avant d'entrer dans le monde de l'investissement est de modifier sa mentalité financière. Nous avons fourni plusieurs techniques pour y parvenir. Une fois le changement d'état d'esprit opéré, nous pouvons commencer à embrasser les différents investissements qui sont à notre disposition. Une fois encore, nous nous sommes concentrés sur les fonds passifs utilisés pour la croissance à long terme.

L'objectif de ce livre était de vous mettre à l'aise et de vous familiariser avec les fonds d'investissement passifs afin que vous puissiez vous lancer dans le monde de l'investissement sans trop d'inquiétude. Nous avons également examiné les moyens d'accroître votre épargne, ce qui augmentera votre capacité à investir en disposant d'un capital plus important. Nous avons également examiné les stratégies permettant de maximiser vos profits tout en maintenant un faible niveau de risque. Enfin, nous avons détaillé la manière dont vous pouvez développer votre propre modèle de portefeuille pour vous apporter une richesse à long terme jusqu'à ce que vous soyez prêt à prendre votre retraite.

L'étape suivante consiste à prendre les informations de ce livre et à commencer à chercher des moyens d'ouvrir divers comptes de fonds d'investissement passifs. Ce livre n'est vraiment que le point de départ. Une fois que vous serez à l'aise avec les sujets abordés dans les chapitres précédents, vous pourrez passer à autre chose et découvrir de nombreuses autres possibilités d'investissement, y compris des options plus actives et agressives. Mais cela n'est possible que si vous le souhaitez. Ce livre vous servira de rampe de lancement pour réussir vos investissements. Si vous décidez de ne pas aller plus loin que les informations fournies ici, vous aurez tout de même franchi des étapes importantes qui auront un impact sur votre avenir financier. Toutefois, si vous êtes un jeune investisseur disposant de beaucoup de temps, nous vous encourageons à continuer à apprendre.

Nous espérons que ce livre a été instructif et qu'il vous a ouvert les yeux sur un nouveau monde de la finance. Cela peut être effrayant au début, mais vous devez faire le premier pas pour apporter de réels changements dans votre vie. Prenez votre temps et n'allez pas plus vite que vous ne vous sentez à l'aise.

www.ingramcontent.com/pod-product-compliance
Lightning Source LLC
LaVergne TN
LVHW060255051026
849517LV00003B/822
9798201827649